Elisabeth Degenhart

Das 

Kochbuch

111 2-€–Gerichte für sparsame Genießer

Leopold Stocker Verlag
Graz – Stuttgart

Umschlagfoto Vorderseite: Thomas Böhm
Umschlagfotos Rückseite: Thomas Böhm
Fotos auf den Seiten 53, 112, 129: Kochen & Küche (W. Hufnagl)
Foto auf der Seite 48: Reinhold Zötsch, Graz
Alle übrigen Fotos: Thomas Böhm, Imst

Die Kalkulation der Rezepte beruht auf den zum Zeitpunkt der Manuskriptabgabe gültigen Durchschnittspreisen im Lebensmittelhandel

Bibliografische Information Der Deutschen Bibliothek
Die Deutsche Bibliothek verzeichnet diese Publikation in der Deutschen Nationalbibliografie, detaillierte bibliografische Daten sind im Internet unter http://dnb.ddb.de abrufbar.

Hinweis: Dieses Buch wurde auf chlorfrei gebleichtem Papier gedruckt. Die zum Schutz vor Verschmutzung verwendete Einschweißfolie ist aus Polyethylen chlor- und schwefelfrei hergestellt. Diese umweltfreundliche Folie verhält sich grundwasserneutral, ist voll recyclingfähig und verbrennt in Müllverbrennungsanlagen völlig ungiftig.

Auf Wunsch senden wir Ihnen gerne kostenlos unser Verlagsverzeichnis zu:
Leopold Stocker Verlag GmbH
Hofgasse 5 / Postfach 438
A-8011 Graz
Tel. +43 (0)316/821636
Fax. +43 (0)316/835612
E-Mail: stocker-verlag@stocker-verlag.com
www.stocker-verlag.com

ISBN: 978-3-7020-1240-3

Printed in Austria
Umschlaggestaltung, Layout und Repro: Werbeagentur Rypka GmbH., 8143 Dobl/Graz
Druck und Bindung: Druckerei Theiss GmbH., A-9431 St. Stefan i. L.

Inhalt

Vorwort

Liebe Freunde des guten und günstigen Genusses!

Nachdem mein „1-Euro-Kochbuch" ein so unerwartet großer Erfolg geworden ist, hat mich der Leopold Stocker Verlag gebeten, weitere Rezepte für Haushalte mit schmalem Budget zu kreieren.

Und dieses Mal durften die Rezepte sogar doppelt so teuer sein, nämlich bis zu 2 Euro pro Person. Dennoch liegen zahlreiche Rezepte im vorliegenden Buch preislich unter dieser Grenze.

Meist sind die Rezepte für 4-6 Personen berechnet, für Singles oder Paare können sie aber auch leicht geteilt werden. Erleichternd für die Zubereitung soll die Reihenfolge der Zutaten sein, die dem jeweiligen Arbeitsablauf entspricht.

Dass günstiges Essen nicht nur schmackhaft, sondern auch gesund sein kann, zeigt sich in der Vielfalt meiner Rezepte unter Verwendung von saisonalem Obst und Gemüse, das in unseren Regionen reift und die Versorgung mit ausreichend Vitaminen und Mineralstoffen garantiert. Außerdem ist der Geschmack von frisch geerntetem Obst und Gemüse ungleich besser als von jedem Obst und Gemüse aus fernen Ländern, welche meist unreif gepflückt und über weite Strecken transportiert werden müssen. Um auch im Winter nicht ganz auf frische Köstlichkeiten verzichten zu müssen, empfiehlt es sich, zur Haupterntezeit der jeweiligen Nahrungsmittel größere Mengen einzukaufen, küchenfertig vorzubereiten und in kleinen Portionen einzufrieren. Gemüsereste lassen sich zur Zubereitung von Aufläufen und Eintöpfen verarbeiten, und aus kleineren Gemüseresten lässt sich eine klare Gemüsesuppe zubereiten, die auch gut als Grundlage für Soßen und andere Suppen verwendet werden kann.

Nun wünsche ich Ihnen wieder viel Freude und ein gutes Gelingen beim Nachkochen meiner ausgewählten Rezepte, die einfach und meist auch schnell zuzubereiten sind.

Ihre
Elisabeth Degenhart

Danksagung
Wieder gilt mein Dank zur erfolgreichen Umsetzung dieses Buches meiner Lektorin Ursula Buchheister, die meine handschriftlich verfassten Rezepte erfasst und in Manuskriptform gebracht hat. Und ebenso danke ich meinem Fotografen Thomas Böhm aus Imst, der auch in diesem Buch wieder für die Aufnahmen verantwortlich zeichnet.

Vor allem aber danke ich dem Leopold Stocker Verlag für das in mich gesetzte Vertrauen, mit meinem 2-Euro-Kochbuch ebenso viele Menschen zum Nachkochen zu inspirieren, wie es mir mit dem ersten Band gelungen ist.

Die Autorin
Elisabeth Degenhart, 1952 in Oberperfuss geboren, verbrachte ihre Kindheit auf dem Bauernhof ihrer Großeltern. Nach dem Volksschulabschluss Lehre als Verkäuferin im Lebensmittelbereich, mit 18 Jahren Familiengründung. Widmet sich seither mit Leidenschaft ihren schmackhaften und günstigen Rezeptkreationen.

Lebt mit ihrem Mann in Oberperfuss und arbeitet zurzeit an ihrem Erstlingsroman, der autobiografische Züge aufweist.

Alphabetisches Rezeptregister

Österreichische Ausdrücke

Biskotte . . . . Löffelbiskuit
Eierschwammerln. . . . . . . Pfifferlinge
Eidotter . . . . Eigelb
Eiklar . . . . Eiweiß
Erdäpfel . . . . Kartoffel
Faschiertes . . . . Hackfleisch
Fisolen. . . . . grüne Bohnen
Germ. . . . . Hefe
Karfiol . . . . Blumenkohl
Marillen. . . . . Aprikosen
Obers. . . . . Sahne, Rahm
Polenta . . . . Maisgrieß
Paradeiser . . . . Tomaten
Ribiseln . . . . Johannisbeeren
Sauerrahm . . . . Saure Sahne
Schwammerln. . . . . Pilze
Semmel . . . . Brötchen
Semmelbrösel. . . . . Paniermehl
Topfen . . . . Quark
Vogerlsalat. . . . . Feldsalat
Weißkraut. . . . . Weißkohl

Verwendete Abkürzungen

EL . . . . Esslöffel
g . . . . Gramm
kg . . . . Kilogramm
l . . . . Liter
ml . . . . Milliliter (1000 ml = 1 l)
Msp. . . . . Messerspitze
P. . . . . Päckchen
Pkg. . . . . Packung
Stk. . . . . Stück
TL . . . . Teelöffel

Frische Gemüsesuppe

Frische Gemüsesuppe

mit Champignonschöberln

- Die Karotten putzen, waschen und in Scheiben schneiden.
- Fisolen waschen, putzen und in 1 cm breite Stücke brechen.
- Die Frühlingszwiebeln putzen, waschen und in 1 cm breite Ringe schneiden.
- Das Gemüse in einen Topf mit heißer Suppe geben und 20 Minuten langsam durchkochen.
- Für die Schöberl Mehl, Eier und Salz zu einem Teig verrühren.
- Die Champignons putzen und waschen, sehr klein würfeln und unter den Teig rühren.
- Backblech ausbuttern, die Teigmasse fingerdick aufstreichen und im Backofen bei 150 °C 10 bis 15 Minuten backen, auskühlen lassen.
- In kleine Stücke schneiden und noch kurz in die heiße Gemüsesuppe geben.
- Vor dem Servieren mit Schnittlauchröllchen bestreuen.

Zubereitungszeit ca. 50 Minuten

Zutaten für 4 Personen
100 g Karotten
100 g Fisolen
200 g Frühlingszwiebeln
1 l Gemüsesuppe
Schnittlauchröllchen zum Bestreuen

Schöberl
100 g Mehl
3 Eier
Salz
150 g Champignons
Butter zum Ausbacken

Grundrezepte Suppen

Klare Suppen kann man einfach und günstig selbst herstellen. Natürlich ist die Suppenwürfel-Variante die unkomplizierteste, wer aber auf handelsübliche Suppenwürze verzichten möchte, kann mit Gemüse, einem Suppenhuhn, Geflügelabschnitten oder Suppenknochen köstliche Suppen selbst zaubern!

Am besten kocht man gleich eine größere Menge, die man gut portionieren und einfrieren kann, so hat man jederzeit schnell eine klare Suppe zur Hand.

Auf den Seiten 10, 12 und 14 finden Sie die Grundrezepte für die Zubereitung von klarer Gemüsesuppe, klarer Knochensuppe sowie von Geflügelsuppe.

Kohlrabisuppe

Zutaten für 6 Personen
800 g Kohlrabi
20 g Butter oder Margarine
500 ml Gemüsesuppe
1 Prise ger. Muskatnuss
Salz und Pfeffer
250 ml Obers
2 EL gemischte Kräuter

- Die Kohlrabi putzen, schälen und waschen, dann halbieren und in Scheiben schneiden.
- Butter in einem Topf heiß werden lassen und die Kohlrabischeiben darin dünsten.
- Mit der Suppe aufgießen, mit Muskatnuss, Salz und Pfeffer würzen und 20 Minuten leicht köcheln lassen.
- Obers steif schlagen, 2 EL Schlagobers zurückbehalten.
- Schlagobers und die fein geschnittenen Kräuter unterziehen und mit dem Stabmixer kurz aufschäumen.
- Die Suppe in vorgewärmte Teller geben und mit jeweils einem Klecks Schlagobers servieren.

Zubereitungszeit ca. 30 Minuten

Klare Gemüsesuppe

Zutaten für 4 Personen
1 1/2 l Wasser
150 g Karotten
250 g Sellerieknolle
1 Petersilienwurzel
(evtl. mit Petersiliengrün)
1 Lauchstange
1 Zwiebel
3 Gewürznelken
Salz
1 Zweig Liebstöckel

- Das Wasser in einen großen Topf geben.
- Karotten, Sellerie, Petersilienwurzel und Lauch putzen, waschen und in das kalte Wasser geben.
- Die Zwiebel mit den Gewürznelken spicken und in die Suppe geben.
- Salzen, Liebstöckel hinzufügen und 30 Minuten leicht köcheln lassen.
- Die Suppe anschließend durch ein Sieb abseihen und abschmecken.

Zubereitungszeit ca. 40 Minuten

Terlaner Weinsuppe

- Die Suppe erhitzen, die Dotter unterrühren.
- Das Brot in kleine Würfel schneiden und in wenig Butter rösten.
- Danach auch den Rahm und den Rotwein unter die Suppe rühren (nicht mehr aufkochen!).
- Die Suppe in Teller füllen und mit geröstetem Brot garnieren.

Zubereitungszeit ca. 15 Minuten

Zutaten für 4 Personen
500 ml Hühner- oder Knochensuppe
3 Dotter
250 ml Rahm
250 ml Rotwein

150 g Brot
wenig Butter zum Rösten

Kräuterfrittatensuppe

Zutaten für 4 Personen
100 g Mehl
4 Eier
Salz
125 ml Milch
2 EL gehackte Kräuter nach Wahl
80 g Butter
800 ml Knochensuppe
Schnittlauchröllchen zum Bestreuen

- Mehl, Eier, Salz und Milch zu einem leicht flüssigen Teig rühren.
- Die gewaschenen, fein gehackten Kräuter unterrühren.
- Ein Viertel der Butter in eine beschichtete Pfanne geben und zerlaufen lassen, ein Viertel des Teiges eingießen und ein Omelett backen.
- Vorgang dreimal wiederholen, Omeletts auskühlen lassen.
- Die ausgekühlten Omeletts in feine Streifen schneiden und in die heiße Suppe geben. Vor dem Servieren mit Schnittlauchröllchen bestreuen.

Zubereitungszeit ca. 20 Minuten

Klare Knochensuppe

Zutaten für 4 Personen
1 1/2 l Wasser
3 Schweinsknochen
2 Karotten
150 g Sellerie
1 Petersilienwurzel
1 Zweig Liebstöckel
1 Zwiebel
3 Gewürznelken
5 Pfefferkörner
Salz

- Das Wasser in einen großen Topf geben.
- Die Knochen waschen, das Mark herausnehmen und in das kalte Wasser legen.
- Karotten, Sellerie und Petersilienwurzel putzen, waschen und dazugeben, Liebstöckel ebenfalls beifügen.
- Die Zwiebel mit den Gewürznelken spicken und in die Suppe geben.
- Mit Pfefferkörnern und Salz würzen und 1 Stunde leicht köcheln lassen.
- Die Suppe anschließend ddurch ein Sieb abseihen und abschmecken.

Zubereitungszeit ca. 1 Stunde, 10 Minuten

Kräuterfrittatensuppe

Kräftige Hühnersuppe

Zutaten für 6 Personen
1/2 Poularde (ca. 800 g)
1 1/2 l Wasser
1 Bund Suppengrün
1/2 TL Salz, 1/2 EL Pfefferkörner
1 Lorbeerblatt
2 Karotten
2 Stangen Lauch
3 Erdäpfel
Salz und Pfeffer
2 EL Mehl
250 ml Obers
Schnittlauchröllchen zum Bestreuen

- Die Poularde unter fließendem Wasser waschen.
- Das Wasser mit dem geputzten und grob zerteilten Suppengrün und den Gewürzen zum Kochen bringen, die Poularde hineingeben und 45 Minuten sieden lassen.
- In der Zwischenzeit die Karotten und den Lauch putzen und waschen, die Karotten in feine Scheiben, den Lauch in feine Ringe schneiden.
- Die Erdäpfel waschen, schälen und in kleine Stücke schneiden.
- Die Poularde aus der Suppe nehmen und etwas abkühlen lassen.
- Die Suppe durch ein Sieb gießen und in einem weiten Topf auffangen.
- Das geschnittene Gemüse in die Suppe geben, mit Salz und Pfeffer nachwürzen und 20 Minuten leicht köcheln lassen.
- Die Poularde von Haut und Knochen trennen und in würfelige Stücke schneiden. Das Fleisch in die heiße Suppe geben.
- Das Mehl mit Obers verrühren und in die Suppe einrühren. Nochmals 4 Minuten leicht köcheln lassen.
- Die Suppe in Tellern anrichten und mit Schnittlauchröllchen bestreut servieren.

Zubereitungszeit ca. 1 Stunde, 25 Minuten

Geflügelsuppe

Zutaten für 6 Personen
1 kg Suppenhuhn
(oder Geflügelkarkassen*)
1 1/2 l Wasser
Salz und Pfefferkörner
2 Karotten
1/2 Sellerieknolle
1 Lauchstange
1 Zwiebel
1 Zweig Liebstöckel

* Geflügelkarkassen: auch Geflügelklein genannt, damit sind Abschnitte oder Knochen von Geflügel gemeint. Diese sind in gut sortierten Supermärkten oder beim Fleischhauer (Geflügelhändler) erhältlich.

- Das Suppenhuhn (oder Geflügelkarkassen) kurz in kochendem Wasser aufwallen lassen, das Wasser abgießen und mit frischem kalten Wasser zustellen.
- Salz und Pfefferkörner, Karotten, Sellerieknolle, Lauch, Zwiebel und Liebstöckel dazugeben.
- Die Suppe ca. 1 Stunde lang nicht zu stark kochen lassen, danach durch ein Sieb abseihen und abschmecken.

Zubereitungszeit ca. 1 Stunde, 10 Minuten

Kräftige Hühnersuppe

Paradeisercremesuppe

Zutaten für 4–6 Personen
1 kg Paradeiser
1 Gemüsezwiebel
3 EL Öl
2 EL Paradeisermark
1 EL Mehl
1 l Rindsuppe
1 Bund Basilikum
1 Prise Zucker
Salz und Pfeffer
125 ml Obers

- Die Paradeiser gegenüber dem Stielansatz kreuzweise einschneiden, überbrühen, häuten und in Würfel schneiden.
- Die Zwiebel schälen und fein hacken, das Öl in einem Topf erhitzen, die Zwiebel darin anschwitzen.
- Die Paradeiserwürfel dazugeben und 5 Minuten dünsten lassen, dann das Paradeisermark unterrühren und mit Mehl stauben.
- Mit heißer Suppe aufgießen und zugedeckt ca. 30 Minuten leicht köcheln lassen.
- Die Suppe durch ein Sieb streichen, die Hälfte der Basilikumblätter in Streifen schneiden und zur Suppe geben.
- Kurz aufkochen und mit Zucker, Salz und Pfeffer abschmecken, zuletzt zwei Drittel des Obers einrühren.
- Die Suppe in vorgewärmte Teller füllen und mit jeweils einem Klecks Schlagobers und den restlichen Basilikumblättern garnieren.

Zubereitungszeit ca. 50 Minuten

Pürierte Selleriesuppe

Zutaten für 4–6 Personen
2 Zwiebeln
700 g Staudensellerie
3 EL Öl
1 l Gemüsesuppe
Salz und Pfeffer
200 g Crème fraîche
1 Bund Petersilie

- Die Zwiebeln schälen und klein schneiden.
- Staudensellerie putzen und waschen, die zarten Stangen in kleine Stücke schneiden.
- Das Öl in einem Topf erhitzen, die Zwiebeln darin glasig andünsten.
- Sellerie dazugeben und mit der Suppe aufgießen, mit Salz und Pfeffer würzen.
- Suppe bei milder Hitze 20 Minuten kochen, anschließend mit dem Stabmixer pürieren.
- Crème fraîche unterrühren und noch einmal kurz aufkochen lassen.
- In vorgewärmte Teller füllen und vor dem Servieren mit fein geschnittener Petersilie bestreuen.

Zubereitungszeit ca. 30 Minuten

Paradeisercremesuppe

Mitternachtssuppe

Zutaten für 4–6 Personen
1 Zwiebel
3 EL Öl
200 g Bauchspeck (in Scheiben)
je 1 grüne und 1 rote Paprikaschote
1 EL Paprikapulver
2 EL Paradeisermark
70 g Langkornreis
1 l Gemüsesuppe
1 Lorbeerblatt
Salz und Pfeffer
1 Schuss Tabasco

- Die Zwiebel schälen und klein schneiden.
- Das Öl in einer Pfanne erhitzen und die Zwiebel darin kräftig andünsten.
- 4 Scheiben vom Bauchspeck zurückbehalten. Restliche Scheiben klein schneiden und zur Zwiebel geben.
- Die Paprikaschoten halbieren, entkernen, waschen und in Streifen schneiden.
- Paprikastreifen zum Speck-Zwiebel-Gemisch geben und alles gut durchrösten, danach Paprikapulver und Paradeisermark einrühren.
- Den gewaschenen Reis einstreuen und mit Suppe aufgießen, das Lorbeerblatt hinzufügen und bei kleiner Hitze 20 Minuten kochen lassen, mit Salz und Pfeffer und mit einem Schuss Tabasco abschmecken.
- Die Suppe in vorgewärmte Teller füllen und mit je einer gebratenen Speckscheibe garnieren.

Zubereitungszeit ca. 35 Minuten

Kürbisterrine

- Den Kürbis schälen, entkernen und in kleine Stücke schneiden.
- Die Frühlingszwiebeln putzen, waschen und in feine Ringe schneiden, den Dill waschen und klein hacken.
- Die Kürbisstücke 10 Minuten in Salzwasser kochen, abseihen, dann Crème fraîche und Dill unterrühren.
- Butter in einer Pfanne erhitzen, die Frühlingszwiebeln darin andünsten.
- Die Kürbisstücke in eine ausgebutterte Auflaufform geben, die Zwiebelringe darüber verteilen.
- Die Eier mit der Milch verquirlen, mit Salz, Pfeffer und Muskat würzen und über die Zwiebelringe gießen.
- Im Backofen bei 180 °C ca. 45 Minuten backen. Anschließen auskühlen lassen.
- Das Joghurt in eine Schüssel geben und mit dem Crème fraîche verrühren.
- Die Petersilie klein hacken und unter die Joghurtsauce rühren, mit Salz und Pfeffer abschmecken.
- Den Chicorée putzen, am Strunk abschneiden und die Blätter lösen. Kurz unter fließendem Wasser abspülen und trocken tupfen.
- Die ausgekühlte Kürbisterrine in Stücke schneiden und auf Tellern anrichten.
- Mit Chicorée und Joghurtsauce servieren.

Zubereitungszeit ca. 1 Stunde, 10 Minuten
Wartezeit ca. 1 Stunde

Zutaten für 4 Personen
600 g Kürbis
4 Frühlingszwiebeln
1/2 Bund Dill
120 g Crème fraîche
50 g Butter

Butter für die Form

5 Eier
120 ml Milch
Salz und Pfeffer
1 Prise ger. Muskatnuss
80 g Joghurt
100 g Crème fraîche
1/2 Bund Petersilie
2 Stk. Chicorée

Mangosalat mit Sardellen

Zutaten für 4 Personen
3 Mangos
1 Honigmelone
1 Bund Petersilie
1 Chilischote
Saft von 2 Zitronen
etwas Salz und Pfeffer
4 gesalzene Sardellen (aus der Dose)

- Eine Mango schälen, in Stücken vom Stein schneiden und klein schneiden.
- Zwei Mangos waschen, der Länge nach halbieren und entsteinen. Das Fruchtfleisch bis auf 1 cm am Rand vorsichtig herausschaben und ebenfalls klein schneiden. Die Schalen als Füllschalen verwenden.
- Die Honigmelone schälen, achteln und entkernen. Anschließend in kleine Stücke schneiden und mit den Mangostücken vermischen.
- Petersilie waschen, klein schneiden, Chilischote waschen, halbieren, von Kernen und weißen Adern befreien und klein schneiden. Beides ebenfalls zum würfelig geschnittenen Fruchtfleisch geben.
- Zitronensaft mit Salz und Pfeffer abschmecken und unterrühren.
- Die Sardellen in kleine Stücke schneiden und unter den Salat mischen.
- Die Mangoschalen auf Tellern anrichten und mit dem Mangosalat füllen.

Zubereitungszeit ca. 20 Minuten

Tofusalat mit Erdnüssen

Zutaten für 4 Personen
600 g brauner Tofu
3 EL Öl
120 g Erdnüsse
1 Bund Koriander
1 Bund Petersilie

Marinade
3 EL Erdnussöl
3 EL Sojasauce
1 EL Chilisauce
Zucker und Salz

- Den Tofu in siedendes Wasser geben und 5 Minuten leicht ziehen lassen, aus dem Wasser heben und auskühlen lassen.
- Das Öl in einer Pfanne erhitzen, die Erdnüsse darin goldgelb rösten, danach abkühlen lassen und grob hacken.
- Koriander und Petersilie waschen und fein schneiden, einige Korianderblätter zum Garnieren zurückbehalten.
- Erdnussöl, Soja- und Chilisauce, Zucker und Salz zu einer Marinade rühren.
- Den Tofu in kleine Würfel schneiden und in eine Schüssel geben.
- Nüsse und Kräuter beimengen und mit der Marinade übergießen, alles gut durchmischen.
- Tofusalat auf Tellern anrichten und mit Korianderblättern garnieren.

Zubereitungszeit ca. 20 Minuten
Wartezeit ca. 30 Minuten

Mangosalat

Schinkensülzchen

Zutaten für 4 Personen
300 g Schinken
200 g Karotten
200 g Erbsen (tiefgekühlt)
2 hart gekochte Eier
500 ml Wasser
Salz und Pfeffer
8 Blatt Gelatine

Marinade
1 Zwiebel
2 EL Öl
etwas Essig
Salz und Pfeffer

- Den Schinken klein schneiden, die Karotten schälen, waschen und in 2 cm dicke Stifte schneiden. In wenig Wasser 15 Minuten dünsten lassen, abseihen und abschrecken.
- Die Erbsen in Salzwasser knackig kochen, danach abseihen.
- Die gekochten Eier schälen und in Scheiben schneiden.
- 4 geeignete Schalen kalt ausspülen, die Eischeiben hineinlegen.
- Den Schinken darübergeben, die Karotten darüber verteilen. Mit den Erbsen abschließen.
- Das Wasser in einen Topf geben, salzen, pfeffern, danach erhitzen und die Gelatine darin auflösen.
- Das gelierte Wasser über das Gemüse gießen.
- Die Sülzchen auskühlen lassen und anschließend mindestens 10 Stunden in den Kühlschrank stellen.
- Die Zwiebel schälen und in Ringe schneiden, aus Öl, Essig, Salz und Pfeffer eine Marinade rühren.
- Die fertigen Sülzchen auf Teller stürzen, mit Zwiebelringen belegen und die Marinade darüberträufeln.

Zubereitungszeit ca. 30 Minuten
Wartezeit ca. 10 Stunden

Gebackene Auberginen auf Tsatsiki

Zutaten für 4 Personen
300 g Auberginen
2 Eier
Salz
120 g Mehl
150 g Semmelbrösel
200 ml Öl zum Ausbacken

Für das Tsatsiki
500 g Rahmjoghurt
120 ml Obers
5 Knoblauchzehen
Salz
1/2 Gurke

- Die Auberginen waschen, putzen und in Scheiben schneiden.
- Die Eier in einem Teller verquirlen und salzen; je einen Teller mit Mehl und Semmelbröseln bereitstellen.
- Die Auberginen zuerst in Mehl, dann in Ei und zuletzt in Semmelbröseln wenden.
- Das Öl in einer Pfanne heiß werden lassen, die panierten Auberginen darin beidseitig goldgelb backen, anschließend aus der Pfanne nehmen und warm stellen.
- Für das Tsatsiki das Joghurt in eine Schüssel geben, das Obers steif schlagen und unter das Joghurt rühren.
- Die Knoblauchzehen schälen, durch die Knoblauchpresse drücken und unter das Joghurt mengen, mit Salz würzen.
- Die Gurke schälen, fein hobeln und unter das Joghurt mengen.
- Die Auberginen zusammen mit dem Tsatsiki auf Tellern anrichten und servieren.

Zubereitungszeit ca. 30 Minuten

Gemüseröllchen

Zutaten für 4 Personen
400 g Sauerkraut
400 g Erdäpfel
1 Bund Schnittlauch
Salz und Pfeffer
2 Eier
120 g Semmelbrösel
100 g geriebener Parmesan
120 ml Öl

Remouladensauce
120 g Joghurt
120 ml Obers
2 EL Paradeiserketchup
1/2 Bund Schnittlauch
Salz und Pfeffer

- Das Sauerkraut gut ausdrücken.
- Die Erdäpfel schälen, waschen und fein raspeln.
- Den Schnittlauch waschen und in feine Röllchen schneiden.
- Das Sauerkraut mit den Erdäpfeln und dem Schnittlauch vermengen, mit Salz und Pfeffer würzen, danach aus der Masse kleine Rollen formen.
- Die Eier in einem Teller verquirlen.
- Die Semmelbrösel in einen Teller geben und mit Parmesan vermischen.
- Die Gemüseröllchen zuerst in Ei, dann in der Semmelbrösel-Parmesan-Mischung wälzen.
- Das Öl in einer Pfanne heiß werden lassen, die panierten Gemüseröllchen bei kleiner Hitze darin goldbraun braten, aus der Pfanne nehmen und erkalten lassen.
- Für die Remouladensauce das Joghurt mit Obers und Paradeiserketchup verrühren.
- Schnittlauch waschen, in kleine Röllchen schneiden und unter die Sauce rühren, mit Salz und Pfeffer abschmecken.

Zubereitungszeit ca. 40 Minuten
Wartezeit ca. 30 Minuten

Gebackene Auberginen

Spargel-Marillen-Salat

Zutaten für 4 Personen
400 g weißer Spargel
etwas Salz
300 g Marillen
120 g gefüllte Oliven
1/2 Bund Petersilie

Marinade
3 EL Olivenöl
Saft von 1 Zitrone
100 g Crème fraîche
Zucker und Salz

- Den Spargel von oben nach unten schälen, die holzigen Stellen entfernen.
- Das Kochwasser leicht salzen und den Spargel darin 12 bis 15 Minuten kochen, abseihen, abschrecken und auskühlen lassen.
- Die Marillen waschen, entsteinen und achteln.
- Die Oliven in Ringe schneiden.
- Die Petersilie waschen und fein schneiden.
- Den Spargel in ca. 4 cm lange schräge Stücke schneiden und auf Teller verteilen.
- Die Marillenstücke, Oliven und Petersilie gefällig darauf anrichten.
- Aus Olivenöl, Zitronensaft, Crème fraîche, Salz, etwas Wasser und Zucker eine Marinade rühren und über den angerichteten Salat verteilen.

Zubereitungszeit ca. 30 Minuten

Panierter Schafkäse mit Friséesalat

Zutaten für 4 Personen
400 g Schafkäse
2 Eier
Salz
100 g Mehl
120 g Semmelbrösel
250 ml Öl

Für den Salat
1/2 Kopf Friséesalat
100 g gefüllte Oliven
1 EL Olivenöl
Saft von 1 Zitrone
Salz

- Den Schafkäse in 4 Scheiben schneiden.
- Die Eier in einem Teller verquirlen und salzen; je einen Teller mit Mehl und Semmelbröseln bereitstellen.
- Den Schafkäse zuerst in Mehl, dann in Ei und zuletzt in Semmelbröseln wenden. Den Vorgang zweimal wiederholen.
- Das Öl in einer Pfanne heiß werden lassen, den panierten Schafkäse darin beidseitig goldgelb backen, anschließend warm stellen.
- Den Salat waschen, trocken schleudern und zerpflücken.
- Die Oliven in Ringe schneiden und unter den Salat mischen.
- Olivenöl, Zitronensaft und Salz zu einer Marinade rühren und über den Salat gießen. Gut durchmischen.
- Den panierten Schafkäse mit Friséesalat auf Tellern anrichten und servieren.

Zubereitungszeit ca. 30 Minuten

t

nd
n,
n-
m
e-
n,
ut

- Die Kirschparadeiser waschen und eventuell halbieren.
- Den Nudelsalat auf Tellern anrichten und mit den Kirschparadeisern gefällig dekorieren.

Zubereitungszeit ca. 30 Minuten

Zutaten für 4 Personen
300 g kleine Hörnchennudeln
150 g würzige Wurst
200 g Schafkäse
150 g Oliven
2 Frühlingszwiebeln
150 g Kirschparadeiser zum Garnieren

Marinade
250 g Joghurt
Salz und Pfeffer
2 EL Öl
etwas Essig

Überbackene Zucchini

Überbackene Zucchini

- Zucchini waschen und in 1 cm dicke Scheiben schneiden.
- Zucchinischeiben in eine ausgebutterte Auflaufform schichten.
- Das Mehl in heißer Butter einmal aufschäumen lassen und mit Milch aufgießen, salzen und pfeffern. Mit dem Schneebesen glatt rühren.
- Die Wurst kleinwürfelig schneiden und der Milchmasse hinzufügen. 5 Minuten leicht köcheln lassen.
- Die Masse über die Zucchinischeiben gießen und mit geriebenem Käse bestreuen.
- Im vorgeheizten Backofen bei 180 °C ca. 20 Minuten backen.
- Die überbackenen Zucchini auf Tellern anrichten und mit Salzerdäpfeln servieren.

Zubereitungszeit ca. 35 Minuten

Zutaten für 4 Personen
1 kg Zucchini
Butter für die Form

2 EL Mehl
20 g Butter
400 ml Mich
Salz und Pfeffer
150 g würzige Wurst
150 g Goudakäse

Spargelteller

- Den Spargel von oben nach unten schälen, die holzigen Stellen entfernen.
- Das Kochwasser leicht salzen und den Spargel darin 10 bis 15 Minuten kochen.
- Aus Zitronenaft, Salz und Öl eine Marinade rühren.
- Den Spargel abseihen, abtropfen lassen und warm in die Marinade legen. Warm stellen.
- Den Speck kleinwürfelig schneiden und in einer Pfanne anrösten.
- Das Schwarzbrot in kleine Würfel schneiden und in einer Pfanne in heißem Öl anrösten.
- Den Käse in kleine Streifen schneiden.
- Den Spargel auf vorgewärmten Tellern anrichten, Marinade darübergießen. Speck- und Brotwürfel sowie die Käsestreifen darüber verteilen.
- Dazu passen Salzerdäpfel.

Zubereitungszeit ca. 30 Minuten

Zutaten für 4 Personen
1,2 kg weißer Spargel
Salz
Saft von 1 Zitrone
4 EL Öl

200 g Bauchspeck
4 Scheiben Schwarzbrot
2 EL Öl
200 g Goudakäse

Gemüsespieße

Zutaten für 4 Personen
400 g Zucchini
2 Maiskolben
8 Champignons
je 1 grüne und 1 rote Paprikaschote
2 Zwiebeln
120 ml Olivenöl
1 EL Senf
Salz und Pfeffer
2 EL Kräuter nach Wahl

- Die Zucchini putzen, waschen und in Scheiben schneiden.
- Die Maiskolbenblätter nach unten ziehen und vom Kolben lösen. Die Fasern entfernen, den harten Stielansatz und die hellgelbe Spitze abschneiden, danach die Maiskolben in Scheiben schneiden.
- Die Champignons putzen und waschen.
- Die Paprikaschoten halbieren, entkernen, waschen und in Stücke schneiden.
- Die Zwiebeln schälen, halbieren und in Lamellen teilen.
- Olivenöl, Senf, Salz, Pfeffer und die Kräuter gut verrühren.
- Das Gemüse abwechselnd auf die Spieße stecken und mit dem marinierten Öl bestreichen.
- Die Gemüsespieße entweder im Backofen auf dem Grillrost oder in einer Pfanne 15 Minuten beidseitig braten. Die Spieße während des Bratens immer wieder mit dem marinierten Öl bestreichen.
- Die Gemüsespieße auf Tellern anrichten und servieren.
- Dazu passen Folienerdäpfel.

Zubereitungszeit ca. 30 Minuten

Pikantes Röstgemüse mit Eiersauce

- Die Erdäpfel schälen, waschen und in Scheiben schneiden.
- Die Paprikaschoten halbieren, entkernen, waschen und in Streifen schneiden.
- Den Lauch putzen, waschen und in 2 cm breite Ringe schneiden.
- Die Steinpilze putzen, waschen und klein schneiden.
- Das Öl in einer Pfanne erhitzen, das Gemüse und die Pilze hineingeben, mit Chilipulver, Salz und Pfeffer würzen. 10 Minuten anbraten lassen.
- Die Eier mit der Milch verquirlen, mit Salz und Muskat abschmecken.
- Die Butter in eine Pfanne geben und zergehen lassen. Die Ei-Milch-Mischung hineingießen und nur leicht stocken lassen.
- Die Crème fraîche unter das Röstgemüse rühren, dieses zusammen mit der Eiersauce auf Tellern anrichten und mit Schnittlauchröllchen bestreut servieren.

Zubereitungszeit ca. 40 Minuten

Zutaten für 4 Personen
1 kg Erdäpfel
je 1 rote und 1 gelbe Paprikaschote
4 Stangen Lauch
100 g Steinpilze
2 EL Öl
Chilipulver
Salz und Pfeffer
4 Eier
50 ml Milch
1 Prise ger. Muskatnuss
80 g Butter
150 ml Crème fraîche
1 Bund Schnittlauchröllchen zum Bestreuen

Fisolenschmankerl

Zutaten für 4 Personen
600 g Fisolen
2 EL Öl
60 g Bauchspeck
3 Zwiebeln
2 EL Mehl
2 Eier
250 ml Milch
50 g Edamerkäse, fein gerieben
Salz und Pfeffer

Butter für die Form

- Fisolen waschen, putzen und in ca. 3 cm große Stücke brechen.
- Anschließend ca. 15 Minuten in Salzwasser kochen, abseihen und kalt abschrecken.
- Das Öl in einer Pfanne erhitzen, den klein geschnittenen Speck und die fein gehackten Zwiebeln darin anrösten.
- Mehl, Eier, Milch und Käse mit Salz und Pfeffer glatt rühren.
- Die Hälfte der Masse in eine ausgebutterte Auflaufform geben und im Backofen bei 200 °C ca. 15 Minuten stocken lassen.
- Die Form aus dem Ofen nehmen. Die Fisolen und die Speck-Zwiebel-Mischung darüber verteilen.
- Die zweite Hälfte der Masse darübergießen und im Backofen bei 200 °C ca. 30 Minuten backen.
- Auf Tellern anrichten und heiß servieren.

Zubereitungszeit ca. 1 Stunde

Selleriegratin

Zutaten für 4 Personen
500 g Knollensellerie
Salz
1 EL Zitronensaft
2 Zwiebeln
3 Paradeiser
150 g Schafkäse
150 g Sauerrahm
1/2 Bund Petersilie
100 ml Öl
80 ml Weißweinessig

Butter für die Form

- Knollensellerie schälen, waschen und in dünne Scheiben schneiden. In Salzwasser und Zitronensaft 20 Minuten kochen.
- Die Zwiebeln schälen und in feine Ringe schneiden.
- Die Paradeiser kreuzweise einschneiden und heiß überbrühen, abschrecken, schälen und in Scheiben schneiden.
- Den Käse kleinwürfelig schneiden.
- Den Sauerrahm mit fein geschnittener Petersilie und Salz verrühren. Öl und Weißweinessig unterrühren.
- Eine Auflaufform ausbuttern, abwechselnd Sellerie- und Paradeiserscheiben hineinschichten.
- Den Käse darüberstreuen und mit der Sauerrahmmarinade übergießen. Bei 200 °C ca. 30 Minuten backen.
- Auf Tellern anrichten und mit Erdäpfelpüree servieren.

Zubereitungszeit ca. 1 Stunde

Fisolenschmankerl

Brokkoli-Apfel-Topf

Zutaten für 4 Personen
800 g Brokkoli
4 Stangen Lauch
100 g Butter
250 ml Gemüsesuppe
4 Äpfel
Salz und Pfeffer
30 g Butter
3 EL Semmelbrösel

- Den Brokkoli putzen, waschen und in Röschen teilen.
- Den Lauch putzen, waschen und in 2 cm breite Ringe schneiden.
- Butter in einem Topf zergehen lassen, Lauch und Brokkoli 3 Minuten darin dünsten. Mit Suppe aufgießen. 5 Minuten leicht köcheln lassen.
- Die Äpfel schälen, vierteln und vom Kerngehäuse befreien; in 1 cm breite Spalten schneiden und sofort zum Gemüse geben. Nochmals 8 Minuten köcheln lassen. Zuletzt mit Salz und Pfeffer abschmecken.
- Butter in einer Pfanne heiß werden lassen, die Semmelbrösel darin goldbraun rösten.
- Brokkoli-Apfel-Topf auf Tellern anrichten und mit gerösteten Semmelbröseln bestreut servieren.

Zubereitungszeit ca. 25 Minuten

Gefüllte Zwiebeln

Zutaten für 4 Personen
8 Gemüsezwiebeln
400 g Faschiertes
Salz und Pfeffer
3 Knoblauchzehen
1/2 Bund Petersilie
1 Ei
2 TL Senf
2 EL Öl
250 ml Gemüsesuppe
120 g Crème fraîche

- Die Zwiebeln schälen, die Stielansätze als Deckel abschneiden.
- Das Zwiebelinnere aushöhlen und klein hacken.
- Das Faschierte in eine Schüssel geben, die gehackten Zwiebeln dazugeben und mit Salz und Pfeffer würzen.
- Die zerdrückten Knoblauchzehen und die fein geschnittene Petersilie zusammen mit dem Ei und dem Senf ebenfalls zum Faschierten geben und alles gut durchmischen.
- Die ausgehöhlten Zwiebeln anschließend mit der Fleischmasse füllen, die Deckel aufsetzen.
- Das Öl in einem großen Topf erhitzen, die Zwiebeln darin anbraten. Mit Suppe aufgießen und zugedeckt 30 Minuten dünsten lassen.
- Die Zwiebeln aus dem Topf herausheben, Crème fraîche unter die Sauce rühren.
- Die gefüllten Zwiebeln mit der Sauce auf Tellern anrichten und heiß servieren.
- Dazu passen Erdäpfelspalten.

Zubereitungszeit ca. 50 Minuten

Brokkoli-Apfel-Topf

Paprikagemüse mit Polenta

Zutaten für 4 Personen
200 g Polenta
750 ml Wasser
Salz

Öl für das Backblech

je 1 gelbe, 1 grüne und 1 rote Paprikaschote
1 Zwiebel
1 Zucchini
2 Paradeiser
8 Scheiben Goudakäse
50 g Butter
Salz und Pfeffer
120 g Sauerrahm
1 Bund Basilikum

- Die Polenta in leicht gesalzenem Wasser zu einem dicken Brei einkochen.
- Das Backblech mit Öl bestreichen, anschließend die Polenta 3 cm dick aufstreichen, auskühlen lassen.
- Die Paprikaschoten halbieren, entkernen, waschen und in Würfel schneiden.
- Die Zwiebel schälen und in feine Ringe schneiden, die Zucchini putzen, waschen und kleinwürfelig schneiden.
- Die Paradeiser kreuzweise einschneiden und heiß überbrühen, abschrecken, schälen und in kleine Würfel schneiden.
- Die Polenta in ca. 8 cm große Stücke schneiden und mit je einer Käsescheibe belegen.
- Die Butter in einer Pfanne heiß werden lassen, das Gemüse darin kurz anbraten. 7 Minuten dünsten lassen, mit Salz und Pfeffer würzen.
- Zuletzt den Sauerrahm und das fein geschnittene Basilikum unterrühren.
- Die Polentastücke erneut auf ein mit Öl bestrichenes Backblech legen und bei 200 °C 10 bis 15 Minuten backen.
- Paprikagemüse mit Polenta auf Tellern anrichten und heiß servieren.

Zubereitungszeit ca. 40 Minuten

Deftiger Gemüseteller mit Spiegelei

- Den Karfiol putzen, waschen und in Röschen teilen.
- Die Fisolen waschen und putzen.
- Die Karotten putzen, waschen und in Scheiben schneiden.
- Die Kohlrabi putzen, schälen und waschen. Erst in Scheiben, dann in schmale Stifte schneiden.
- Karotten, Kohlrabi und Fisolen in Salzwasser 5 Minuten kochen lassen, dann den Karfiol zugeben und weitere 10 Minuten kochen, abseihen und warm stellen.
- Die Fisolen in zwei Bündel teilen, in Speck einrollen und in 30 g heißer Butter beidseitig anbraten.
- 20 g Butter in einer Pfanne erhitzen, die Semmelbrösel darin unter Rühren leicht anbräunen.
- Den Karfiol in den Butterbröseln vorsichtig wälzen.
- Petersilie waschen und klein schneiden.
- Restliche Butter in einer Pfanne aufschäumen lassen. Petersilie und Karotten darin schwenken.
- Kohlrabi mit Crème fraîche vermengen.
- Das Gemüse gefällig auf Tellern anrichten, je ein gebratenes Spiegelei darübergeben und servieren.

Zubereitungszeit ca. 45 Minuten

Zutaten für 2 Personen
150 g Karfiol
150 g Fisolen
150 g Karotten
150 g Kohlrabi
2 Eier
2 Scheiben durchwachsener Speck
80 g Butter
50 g Semmelbrösel
1/2 Bund Petersilie
1 EL Crème fraîche

2 Eier
Butter zum Braten
Salz und Pfeffer

Tiroler Speckknödel mit Sauerkraut

- Das Knödelbrot in eine große Schüssel geben, mit heißer Milch übergießen und kurz ausquellen lassen, danach die Eier untermischen.
- Die Petersilie fein schneiden und mit dem Salz unter die Masse mischen.
- Die Wurst klein schneiden und dazugeben.
- Den Speck ebenfalls klein schneiden und in einer Pfanne kurz durchrösten. Zur Knödelmasse geben und alles gut vermischen. 2 Stunden durchziehen lassen.
- Anschließend das Mehl untermengen und mit nassen Händen Knödel formen.
- Die Knödel in siedendes Salzwasser geben und 20 Minuten gar ziehen lassen.
- Das Sauerkraut in einen Topf geben, mit Wasser aufgießen und 10 Minuten weich dünsten.
- Abseihen und den Sud auffangen.
- Das Öl in einer Pfanne erhitzen und das Mehl darin goldgelb anrösten. Mit dem Sauerkrautsud aufgießen und mit dem Schneebesen glatt rühren.
- Mit Kümmel und Salz würzen, 5 Minuten kochen lassen. Zuletzt die Einbrenn unter das Sauerkraut mischen.
- Die Knödel auf Tellern anrichten, mit Schnittlauchröllchen bestreuen und mit Sauerkraut servieren.

Zubereitungszeit ca. 50 Minuten
Wartezeit ca. 2 Stunden

Zutaten für 6–8 Personen
500 g Knödelbrot
500 ml Milch
4 Eier
1 Bund Petersilie
Salz
250 g würzige Wurst
200 g Bauchspeck
2 EL Mehl
Schnittlauchröllchen zum Bestreuen

Sauerkraut
750 g Sauerkraut
400 ml Wasser
2 EL Öl
2 EL Mehl
1/2 TL Kümmel
Salz

Grießknödel mit Bauernsalat

Zutaten für 6–8 Personen
250 g Grieß
1 1/4 l Milch
Salz
150 g durchwachsener Speck
1 Bund Petersilie
3 Eier
4 EL Mehl
80 g Butter

Bauernsalat
1/2 Kopf grüner Salat
1 grüne und 1 rote Paprikaschote
1 Zwiebel
1 Bund Radieschen
80 g Bauchspeck

Marinade
2 EL Olivenöl
Salz
2 Knoblauchzehen
Essig nach Geschmack

- Den Grieß in die gesalzene Milch einkochen. Grießmasse auskühlen lassen.
- Den Speck klein schneiden und in einer Pfanne anrösten.
- Die Petersilie waschen und klein schneiden.
- Eier, Speck und Petersilie zur Grießmasse geben und gut durchmischen. Zuletzt das Mehl untermengen.
- Kleine Knödel formen und in siedendem Salzwasser 20 Minuten ziehen lassen.
- Für den Bauernsalat den Salat waschen, trocken schleudern und zerpflücken.
- Die Paprikaschoten halbieren, entkernen, waschen und in feine Streifen schneiden.
- Die Zwiebel schälen und in dünne Ringe schneiden.
- Die Radieschen putzen, waschen und in dünne Scheiben schneiden.
- Salat und Gemüse in eine große Schüssel geben.
- Den Speck kleinwürfelig schneiden und in einer Pfanne anrösten. Über den Salat verteilen.
- Aus Olivenöl, Salz und den zerdrückten Knoblauchzehen eine Marinade rühren, über den Salat gießen und alles gut durchmischen.
- Die Butter in einer Pfanne anbräunen und über die Grießknödel gießen.
- Die Knödel zusammen mit dem Bauernsalat auf Tellern anrichten und servieren.

Zubereitungszeit ca. 40 Minuten

Bunte Reisknödelchen

Zutaten für 4 Personen
2 Zwiebeln
5 EL Öl
200 g Rundkornreis
500 ml Gemüsesuppe
100 g Zucchini
200 ml passierte Paradeiser
Salz, Pfeffer, Oregano
100 g Topfen
2 EL klein geschnittene Petersilie
Öl zum Ausbacken

- Die Zwiebeln schälen, klein hacken und in einer Pfanne in 2 EL heißem Öl anrösten.
- Den gewaschenen Reis hinzufügen, kurz durchrösten, salzen und mit Gemüsesuppe aufgießen. 20 Minuten bei kleiner Hitze garen.
- Die Zucchini putzen, waschen und kleinwürfelig schneiden.
- 3 EL Öl in einer Pfanne erhitzen und die Zucchini darin anrösten. Mit passierten Paradeisern aufgießen, mit Salz, Pfeffer und Oregano abschmecken. 10 bis 15 Minuten garen, bis die Sauce eingedickt ist.
- Den gekochten Reis in eine Schüssel geben, eingedickte Sauce, Topfen und klein geschnittene Petersilie unterrühren.
- Aus der Masse kleine Knödel formen und in heißem Öl ausbacken.
- Auf Tellern anrichten und mit Salat nach Wahl servieren.

Zubereitungszeit ca. 40 Minuten

Elsas Leberknödel mit Erdäpfelsalat

Zutaten für 4–6 Personen
500 g Knödelbrot
250 ml Milch
4 Eier
Salz und Pfeffer
1 Msp. Majoran
300 g faschierte Kalbs- oder Rindsleber
2 EL Öl
3 EL Mehl
1 l Rindsuppe
Schnittlauchröllchen zum Bestreuen

Für den Erdäpfelsalat
1 kg Erdäpfel
250 ml Gemüsesuppe
1 Zwiebel
1 Bund Schnittlauch
Salz und Pfeffer
1 EL Senf
3 EL Apfelessig
4 EL Öl

- Das Knödelbrot mit heißer Milch übergießen und ziehen lassen.
- Die Eier zum Brot geben, mit Salz, Pfeffer und Majoran würzen.
- Die faschierte Leber und das Öl hinzufügen und zu einem festen Teig verkneten. 2 Stunden rasten lassen.
- Das Mehl unter die Knödelmasse mengen, anschließend Knödel formen und ca. 15 Minuten in siedendem Salzwasser wallen lassen.
- Die Erdäpfel in Salzwasser kochen. Halb auskühlen lassen.
- Die Erdäpfel schälen, in Scheiben schneiden und in eine große Schüssel geben.
- Die Gemüsesuppe in einem Topf kurz aufkochen, dann von der Herdplatte nehmen.
- Die Zwiebel schälen, klein schneiden und unter die Erdäpfel mengen.
- Den Schnittlauch waschen und in kleine Röllchen schneiden. Die Hälfte davon ebenfalls zu den Erdäpfeln geben.
- Aus der warmen Gemüsesuppe, Salz, Pfeffer, Senf, Essig und Öl eine Marinade rühren, über die Erdäpfel gießen und gut durchmischen.
- Die Knödel mit Erdäpfelsalat auf Tellern anrichten und mit Schnittlauchröllchen bestreut servieren.

Zubereitungszeit ca. 1 Stunde, Wartezeit ca. 2 Stunden

Bunte Reisknödelchen

Kaspressknödel mit pikantem Erdäpfelsalat

Zutaten für 6–8 Personen
500 g Erdäpfel
200 g Knödelbrot
250 g Topfen
3 Eier
200 g Graukäse
250 g geriebener Edamerkäse
Salz und Pfeffer
250 ml Öl

Erdäpfelsalat
1 kg Erdäpfel
1/2 Zwiebel
Salz und Pfeffer
1 Eidotter
1 EL Senf
250 ml Öl
125 g Sauerrahm
2 EL Essig

Auch gemischter Salat passt sehr gut zu den Kaspressknödeln.

- Die Erdäpfel in Salzwasser kochen, auskühlen lassen.
- Die Erdäpfel schälen und durch die Erdäpfelpresse drücken.
- Knödelbrot, Topfen und Eier dazugeben, alles gut vermengen. 2 Stunden rasten lassen.
- Den Graukäse klein schneiden und mit dem geriebenen Edamer zur Knödelmasse geben. Durchmischen und mit Salz und Pfeffer würzen.
- Knödel formen und flach drücken, anschließend in heißem Öl beidseitig ausbacken.
- Für den Erdäpfelsalat die Erdäpfel in Salzwasser kochen, auskühlen lassen.
- Die Erdäpfel schälen und kleinwürfelig schneiden.
- Die Zwiebel schälen, klein schneiden und zu den Erdäpfeln geben.
- Eidotter und Senf mit einem Schneebesen verrühren, das Öl tröpfchenweise und unter ständigem Rühren dazugeben, mit Salz und Pfeffer abschmecken.
- Den Sauerrahm mit Essig verrühren und unter die Mayonnaise mischen.
- Die Mayonnaise über die Erdäpfel und Zwiebeln geben und alles vorsichtig vermischen.
- Die Knödel mit pikantem Erdäpfelsalat oder gemischtem Salat auf Tellern anrichten und servieren.

Zubereitungszeit ca. 45 Minuten, Wartezeit ca. 2 Stunden

Bayerische „Niggelen“

- Die Semmel in der warmen Milch einweichen.
- Faschiertes, fein gehackte Zwiebel, ausgedrückte Semmel, Ei, Salz und Pfeffer gut verkneten.
- Aus der Masse 6 Knödel formen und in die kochende Suppe geben, 15 Minuten leicht köcheln lassen, danach mit dem Siebschöpfer herausheben, Suppe beiseite stellen.
- Die Butter in einer Pfanne erhitzen und das Mehl darin anschwitzen. Mit 200 ml Suppe aufgießen und mit dem Schneebesen gut verrühren.
- Das Obers unterrühren, 10 Minuten leicht köcheln lassen.
- Zuletzt die Knödel einlegen und kurz ziehen lassen. Mit gehackter Petersilie bestreut servieren.

Zubereitungszeit ca. 40 Minuten

Zutaten für 2 Personen
1 altbackene Semmel
160 ml warme Milch
200 g Faschiertes
1 Zwiebel
1 Ei
Salz und Pfeffer
500 ml Rindsuppe
60 g Butter
20 g Mehl
100 ml Obers
1/2 Bund Petersilie

Schwarzbrotknödel auf Gorgonzolasauce

Zutaten für 4 Personen
400 g geschnittenes Schwarzbrot
200 ml Milch
3 Eier
200 g durchwachsener Speck
1 Bund Petersilie
Salz und Pfeffer
2 EL Mehl
250 ml Öl

Gorgonzolasauce
40 g Butter
40 g Mehl
125 ml Gemüsesuppe
150 g Gorgonzola
100 ml Obers
Salz und Pfeffer

- Die Brotscheiben mit heißer Milch übergießen.
- Die Eier verquirlen und über die Brotmasse gießen. Durchmischen und 2 Stunden rasten lassen.
- Den Speck kleinwürfelig schneiden und in einer Pfanne auslassen. Unter die Knödelmasse geben und mit fein geschnittener Petersilie, Salz und Pfeffer würzen.
- Zuletzt das Mehl untermengen und alles gut durchmischen.
- Knödel formen und flach drücken. In heißem Öl beidseitig langsam braten.
- Für die Sauce die Butter in einem Topf erhitzen, das Mehl darin anrösten und mit Suppe aufgießen. Mit dem Schneebesen so lange rühren, bis sich alle Mehlklümpchen aufgelöst haben.
- Den Käse klein schneiden, in die Sauce geben und unter Rühren so lange köcheln lassen, bis sich der Käse vollständig aufgelöst hat.
- Obers dazugeben und mit Salz und Pfeffer abschmecken, noch einmal kurz aufkochen lassen.
- Schwarzbrotknödel mit Gorgonzolasauce auf Tellern anrichten und servieren.

Zubereitungszeit ca. 35 Minuten
Wartezeit ca. 2 Stunden

Thunfisch-Gemüse-Strudel

mit Sauerrahmsauce

Zutaten für 6–8 Portionen
300 g glattes Mehl
25 ml Öl
5 g Salz
150 ml lauwarmes Wasser

etwas Öl zum Bestreichen

Fülle
2 Dosen Thunfischfilet (im eigenen Saft)
150 g Karotten
150 g Karfiol
150 g Erbsen
Thymian, Rosmarin
Salz und Pfeffer
100 g Käse

Sauce
150 ml l Sauerrahm
150 ml Joghurt
1/2 Zwiebel
1/2 Bund Schnittlauch
Salz und Pfeffer
1 TL Senf

- Mehl, Öl, Salz und Wasser zu einem geschmeidigen Teig verkneten, danach den Teig 30 Minuten rasten lassen.
- In der Zwischenzeit die Fülle vorbereiten: Thunfisch abseihen und gut abtropfen lassen, das Gemüse waschen und putzen bzw. schälen, die Karotten klein schneiden, den Karfiol in kleine Röschen teilen. Alles gut vermischen und mit den klein gehackten Kräutern, Salz und Pfeffer würzen.
- Den Teig auf einer bemehlten Arbeitsfläche zuerst ausrollen, danach dünn ausziehen.
- Die Fülle darauf verteilen und mit geriebenem Käse bestreuen.
- Den Strudel einrollen und mit Öl bestreichen.
- Das Backblech einfetten, den Strudel darauflegen und im vorgeheizten Backofen bei 180 °C ca. 40 Minuten backen.
- Für die Sauce Sauerrahm und Joghurt gut verrühren.
- Die Zwiebel schälen und ganz fein schneiden, Schnittlauch waschen und in Röllchen schneiden.
- Zwiebel und Schnittlauch sowie Salz und Pfeffer zur Sauce geben und mit Senf abschmecken.
- Den fertigen Strudel in Stücke schneiden, mit der Sauce auf Tellern anrichten und heiß servieren.

Zubereitungszeit ca. 1 Stunde
Wartezeit ca. 30 Minuten

Erdäpfelstrudel mit Kräutersauce

- Aus Mehl, Ei, Öl, Salz und Wasser einen geschmeidigen Teig kneten. 1 Stunde rasten lassen.
- Die Erdäpfel in Salzwasser kochen, auskühlen lassen, danach schälen und blättrig schneiden.
- Die Zwiebeln schälen und klein schneiden, den Speck kleinwürfelig schneiden.
- Das Öl in einer Pfanne erhitzen, die Zwiebeln darin goldgelb rösten. Den Speck dazugeben und glasig anrösten. Mit Kümmel, Salz und Pfeffer würzen.
- Die Erdäpfelscheiben in eine Schüssel geben, Obers und die Speck-Zwiebel-Mischung untermischen.
- Den Teig auf einer bemehlten Arbeitsfläche dünn ausziehen. Die Erdäpfelmasse darauf verteilen, einrollen und auf ein bebuttertes Backblech legen.
- Den Strudel mit zerquirltem Ei bestreichen und bei 200 °C ca. 40 Minuten backen.
- In der Zwischenzeit für die Kräutersauce aus Butter und Mehl eine helle Einmach bereiten.
- Diese mit Hühnersuppe und Obers aufgießen und zu einer glatten, cremigen Sauce verkochen lassen.
- Zuletzt Salz und Pfeffer, Zitronensaft und gehackte Kräuter einrühren.
- Den Strudel in Stücke schneiden, die Kräutersauce auf Tellern anrichten und die Strudelstücke daraufsetzen, warm servieren.

Zubereitungszeit ca. 1 Stunde, 20 Minuten
Wartezeit ca. 1 Stunde

Zutaten für 8 Personen
350 g Mehl
1 Ei
1 EL Öl
Salz
250 ml lauwarmes Wasser

Mehl zum Ausarbeiten
Butter für das Backblech
1 Ei

Fülle
1,3 kg Erdäpfel
2 Zwiebeln
300 g Bauchspeck
50 ml Öl
1 EL Kümmel
Salz und Pfeffer
125 ml Obers

Kräutersauce
30 g Butter
30 g glattes Mehl
1/4 l Hühnersuppe
1/8 l Obers
Salz und Pfeffer
1 TL Zitronensaft
3 EL gehackte Kräuter

Krautstrudel mit milder Käsesauce

Zutaten für 6–8 Personen
350 g Mehl
1 Ei
1EL Öl
Salz
250 ml lauwarmes Wasser

Mehl zum Ausarbeiten
Butter für das Backblech
1 Ei

Fülle
750 g Weißkraut
1 Zwiebel
100 g Butter
1 EL Kümmel
Salz und Pfeffer
120 ml Wasser

Käsesauce
40 g Butter
50 g Mehl
200 ml Milch
2 Doppelrahmkäseecken
100 ml Obers
Salz und Pfeffer

- Aus Mehl, Ei, Öl, Salz und Wasser einen geschmeidigen Teig kneten. 1 Stunde rasten lassen.
- Für die Fülle das Kraut erst in Stücke schneiden, dann klein schneiden.
- Die Zwiebel schälen und klein schneiden.
- Butter in der Pfanne erhitzen, die Zwiebel darin goldgelb rösten.
- Das Kraut dazugeben und mit Kümmel, Salz und Pfeffer würzen.
- Mit Wasser aufgießen und eine halbe Stunde schmoren lassen, auskühlen lassen.
- Den Teig auf einer bemehlten Arbeitsfläche dünn ausziehen. Die Krautmasse darauf verteilen, einrollen und auf ein bebuttertes Backblech legen.
- Den Strudel mit verquirltem Ei bestreichen und bei 200 °C ca. 45 Minuten backen.
- Für die Käsesauce die Butter in einer Pfanne erhitzen, das Mehl darin aufschäumen lassen. Mit Milch aufgießen und mit einem Schneebesen glatt rühren.
- Den Käse klein schneiden und zur Sauce geben. So lange unter mehrmaligem Rühren kochen, bis sich der Käse aufgelöst hat.
- Obers dazugeben und mit Salz und Pfeffer abschmecken. Noch 2 Minuten leicht köcheln lassen.
- Krautstrudel in Stücke schneiden, auf Tellern anrichten und mit der Käsesauce servieren.

Zubereitungszeit ca. 1 Stunde, 20 Minuten
Wartezeit 1 Stunde

Fleischstrudel mit grünem Salat

Zutaten für 6–8 Personen
350 g Mehl
1 Ei
1 EL Öl
Salz
250 ml lauwarmes Wasser

Mehl zum Ausarbeiten
Butter für das Backblech
1 Ei

Fülle
50 ml Öl
500 g Faschiertes
Salz und Pfeffer
1/2 Bund Petersilie
500 g Topfen

- Aus Mehl, Ei, Öl, Salz und Wasser einen geschmeidigen Teig kneten. 1 Stunde rasten lassen.
- Für die Fülle das Öl in einer Pfanne erhitzen, das Faschierte darin anrösten, mit Salz und Pfeffer würzen.
- Die Petersilie waschen, klein schneiden und unter das Faschierte mischen, auskühlen lassen.
- Zuletzt den Topfen in die ausgekühlte Fleischmasse einrühren.
- Den Teig auf einer bemehlten Arbeitsfläche über den Handrücken dünn ausziehen. Die Fleischmasse darauf verteilen, einrollen und auf ein bebuttertes Backblech legen.
- Den Strudel mit zerquirltem Ei bestreichen und bei 200 °C ca. 45 Minuten backen.
- Fleischstrudel in Stücke schneiden, auf Tellern anrichten und mit grünem Salat servieren.

Zubereitungszeit ca. 1 Stunde
Wartezeit ca. 1 Stunde

Lauchstrudel mit Kapernsauce

Zutaten für 6–8 Personen
250 g Mehl
125 ml Wasser
1 EL Öl
Salz

Öl zum Bestreichen
Butter für die Form

Mehl zum Ausarbeiten

8 Stangen Lauch
250 g geriebener Goudakäse
100 g Semmelbrösel
Salz und Pfeffer
Öl zum Bestreichen

Kapernsauce
40 g Butter
50 g Mehl
200 ml Wasser
100 ml Obers
50 g Kapern
Salz und Pfeffer

- Mehl, Wasser, Öl und Salz zu einem Teig verkneten. 30 Minuten rasten lassen.
- In der Zwischenzeit den Lauch putzen, waschen und in Ringe schneiden.
- Den Teig auf einer bemehlten Arbeitsfläche ausrollen und mit Lauch belegen. Geriebenen Käse und Semmelbrösel darüber verteilen, mit Salz und Pfeffer würzen.
- Den Strudel zweimal überschlagen, anschließend mit Öl bestreichen.
- Das Backblech ausbuttern, den Strudel darauflegen und im vorgeheizten Backofen bei 180 °C ca. 30 Minuten backen.
- Für die Kapernsauce die Butter in einer Pfanne erhitzen, das Mehl darin anschwitzen.
- Mit Wasser aufgießen und 3 Minuten kochen lassen.
- Obers einrühren, Kapern dazugeben und mit Salz und Pfeffer abschmecken.
- Die Sauce 2 Minuten leicht köcheln lassen.
- Lauchstrudel in Stücke schneiden, mit der Kapernsauce auf Tellern anrichten und heiß servieren.

Zubereitungszeit ca. 55 Minuten
Wartezeit ca. 30 Minuten

Fleischstrudel

Spaghetti mit Wein-Paradeiser-Sauce und Basilikum

Zutaten für 4 Personen
500 g Spaghetti
4 Fleischparadeiser
2 Zwiebeln
2 EL Öl
125 ml Weißwein
250 ml passierte Paradeiser
1/2 TL Oregano
2 EL gehacktes Basilikum
Pfeffer und Salz
1 EL gehackte Petersilie

- Paradeiser kreuzweise einschneiden und heiß überbrühen, abschrecken, schälen und in große Stücke schneiden.
- Zwiebeln schälen, klein schneiden und in heißem Öl goldgelb anrösten.
- Paradeiserstücke dazugeben und gut durchrösten. Mit Wein und Paradeisersauce aufgießen.
- Oregano und Basilikum einrühren, mit Salz und Pfeffer würzen.
- Die Sauce 10 Minuten leicht köcheln lassen.
- Die Spaghetti in siedendes Salzwasser geben und „al dente" kochen, abseihen, mit kaltem Wasser abschrecken, gut abtropfen lassen.
- Die Spaghetti auf Tellern anrichten und die Wein-Paradeiser-Sauce darüber verteilen und gehackte Petersilie darüberstreuen.

Zubereitungszeit ca. 20 Minuten

Gemüse im Backteig mit Geselchtem

Zutaten für 4 Personen
150 g Erdäpfel
200 g Mehl
3 Eidotter
Salz
150 ml Mineralwasser
3 Eiklar
1/2 Bund Petersilie
4 Knoblauchzehen
200 g Geselchtes
200 g Gemüse nach Wahl (z. B. Champignons, Karfiolröschen, Zucchini)
300 ml Öl zum Backen

- Die Erdäpfel in Salzwasser kochen, abseihen und auskühlen lassen.
- Die ausgekühlten Erdäpfel schälen und durch die Erdäpfelpresse drücken. Mit Mehl, Eidottern, Salz und Mineralwasser zu einem Teig verarbeiten.
- Das Eiklar steif schlagen und unterheben.
- Petersilie waschen, fein schneiden und dazugeben.
- Die Knoblauchzehen schälen, fein schneiden und mit dem klein geschnittenen Geselchten unter den Teig mischen.
- Das Gemüse putzen, waschen, klein schneiden und durch den Teig ziehen.
- Das Öl in einer Pfanne heiß werden lassen, das Gemüse darin beidseitig goldbraun backen.

Zubereitungszeit ca. 60 Minuten
Wartezeit ca. 30 Minuten

Spaghetti

Nudeln in Nusssauce

Zutaten für 4 Personen
500 g beliebige Nudeln
200 g Walnüsse
2 Knoblauchzehen
3 EL Öl
80 ml Rindsuppe
120 ml Obers
50 g geriebener Parmesan
Salz und Pfeffer

- Die Nudeln in siedendes Salzwasser geben und „al dente" kochen, abseihen, abschrecken und warm stellen.
- Die Walnüsse reiben und ohne Fett kurz anrösten.
- Die Knoblauchzehen schälen, zerdrücken und in einer Pfanne in heißem Öl anschwitzen.
- Die Nüsse dazugeben und mit Suppe und Obers aufgießen.
- Den Parmesan unterrühren und mit Salz und Pfeffer würzen. 5 Minuten köcheln lassen.
- Die Nudeln auf vorgewärmten Tellern anrichten, die Nusssauce darüber verteilen und servieren.

Zubereitungszeit ca. 20 Minuten

Maultaschen mit Paradeisersauce

Zutaten für 4–6 Personen
400 g Mehl
1 Ei
4 EL ÖL
130 ml Milch
Salz

Mehl zum Ausarbeiten

Fülle
200 g Steinpilze
1 Zwiebel
2 EL ÖL
1/2 Bund Petersilie
Salz und Pfeffer
500 ml passierte Paradeiser
1/2 TL Oregano
Salz und Pfeffer

- Aus Mehl, Ei, Öl, Milch und Salz einen Teig kneten. 30 Minuten rasten lassen.
- Die Steinpilze putzen, waschen und klein schneiden.
- Die Zwiebel schälen und klein schneiden.
- Öl in der Pfanne erhitzen, die Zwiebel darin anrösten; Steinpilze dazugeben und mitrösten.
- Mit fein geschnittener Petersilie, Salz und Pfeffer würzen.
- Den Teig auf einer bemehlten Arbeitsfläche dünn ausrollen und in kleine Rechtecke schneiden.
- Mit Fülle belegen und über Eck zusammenschlagen. Teigränder fest zusammendrücken. Maultaschen in siedendes Salzwasser geben und 10 Minuten ziehen lassen.
- In der Zwischenzeit die passierten Paradeiser in einem Topf erhitzen und mit Oregano, Salz und Pfeffer abschmecken. Einmal kurz aufkochen lassen.
- Die Maultaschen auf vorgewärmten Tellern anrichten, Paradeisersauce darübergießen und heiß servieren.

Zubereitungszeit ca. 35 Minuten
Wartezeit ca. 30 Minuten

Nudeln in Nusssauce

Pikante Nudelrollen

Zutaten für 4 Personen
250 g Mehl
2 Eier
100 ml Milch
Salz

Mehl zum Ausarbeiten

Fülle
2 Paradeiser
200 g Mozzarella
125 g Crème fraîche
1 Bund Petersilie
50 g geriebener Parmesan
Salz und Pfeffer

250 ml Obers
2 EL Paradeisermark

- Aus Mehl, Eiern, Milch und Salz einen Teig kneten. 30 Minuten rasten lassen.
- Die Paradeiser heiß überbrühen, kalt abschrecken, anschließend schälen, entkernen und klein schneiden. Paradeiserstücke in eine Schüssel geben.
- Mozzarella klein schneiden und dazugeben; Crème fraîche beimengen.
- Petersilie waschen, klein schneiden und unter die Masse mengen.
- Parmesan darüberstreuen und alles gut vermischen, mit Salz und Pfeffer würzen.
- Den Teig auf einer bemehlten Arbeitsfläche 1 cm dick ausrollen und in 8 Rechtecke schneiden.
- Die Fülle darauf verteilen, danach die Seitenlängen einschlagen und Rollen formen.
- Obers mit Paradeisermark, Salz und Pfeffer glatt rühren und in eine Auflaufform füllen.
- Die Nudelrollen einschichten und im vorgeheizten Backofen bei 200 °C ca. 30 Minuten backen.
- Die Nudelrollen auf vorgewärmten Tellern anrichten und heiß servieren.

Zubereitungszeit ca. 1 Stunde
Wartezeit ca. 30 Minuten

Nudeln mit Pilzsauce

Zutaten für 4 Portionen
500 g Pilze
1 Zwiebel
4 Frühlingszwiebeln
2 EL Öl
3 Knoblauchzehen
1/4 Bund Petersilie
Salz
Pfeffer

400 g Nudeln nach Belieben

Je nach Geschmack und Saison kann man die Pilze variieren oder kombinieren: Steinpilze, Eierschwammerln, Totentrompeten, Kaiserlinge, Brätlinge, Rotkappen, Champignons …

- Die Pilze putzen, waschen und blättrig schneiden. Die Zwiebel und die Frühlingszwiebel klein schneiden.
- Die Pilze in Öl anbraten und 5 Minuten schmoren lassen. Die Champignons aus der Pfanne nehmen und warm stellen.
- Die Zwiebeln, Frühlingszwiebeln und den zerdrückten Knoblauch in die Pfanne geben, alles gut durchrösten.
- Zum Schluss die klein geschnittene Petersilie und die angebratenen Pilze beimengen und mit Salz und Pfeffer würzen.
- Mit den al dente gekochten Nudeln anrichten.

Zubereitungszeit ca. 20 Minuten

Paradeiser auf Schinkenreis

Zutaten für 4 Personen
1 Zwiebel
2 EL Öl
150 g Schinken
400 ml Gemüsesuppe
Salz und Pfeffer
200 g Reis
Langkornreis
2 Fleischparadeiser
100 g geriebener Goudakäse
zum Bestreuen

- Die Zwiebel schälen, klein schneiden und in einer Pfanne in heißem Öl anschwitzen.
- Den Schinken kleinwürfelig schneiden und dazugeben.
- Mit der Suppe aufgießen, mit Salz und Pfeffer abschmecken.
- Den gewaschenen Reis untermengen.
- Die Paradeiser kreuzweise einschneiden und heiß überbrühen. Kalt abschrecken und schälen; in Scheiben schneiden und auf den Reis legen. Bei kleiner Hitze ca. 20 Minuten köcheln lassen.
- Auf vorgewärmten Tellern anrichten. Vor dem Servieren mit geriebenem Goudakäse bestreuen.

Zubereitungszeit ca. 35 Minuten

Schinkenspätzle mit Oberssauce

Zutaten für 4–6 Personen
350 g Mehl (doppelgriffiges Weizenmehl)
3 Eier
80 g Milch
50 g Wasser
Salz

4 Stangen Lauch
3 EL Öl
200 g Schinken (gekocht)
Salz und Pfeffer
250 ml Obers
100 g geriebener Tilsiterkäse
Schnittlauchröllchen zum Bestreuen

- Aus Mehl, Eiern, Milch, Wasser und Salz einen zähen Teig zubereiten. So lange rühren, bis der Teig Blasen bildet.
- Einen großen Topf mit Salzwasser zum Kochen bringen.
- Den Teig mit einem Spätzlehobel ins kochende Salzwasser reiben.
- Wenn die Spätzle oben schwimmen, mit einem Schaumlöffel abschöpfen und in ein Sieb füllen. Mit lauwarmem Wasser abschrecken und abtropfen lassen.
- Den Lauch putzen, waschen und in Ringe schneiden.
- Öl in einer Pfanne erhitzen und den Lauch darin anrösten.
- Den Schinken in kleine Würfel schneiden und zum Lauch geben, kurz durchrösten.
- Die Spätzle unterheben und ebenfalls kurz mitrösten, mit Salz und Pfeffer würzen.
- Obers mit dem Käse verrühren und über die Spätzle gießen. Zugedeckt dämpfen lassen, bis der Käse geschmolzen ist.
- Die Schinkenspätzle auf vorgewärmten Tellern anrichten und mit Schnittlauchröllchen bestreut servieren.

Zubereitungszeit ca. 20 Minuten

Paradeiser

Steirischer Grießsterz

Zutaten für 4–6 Portionen
500 g Grieß
150 g Schweineschmalz
Salz
150 ml Milch
200 g Bauchspeck
Salat und Garnitur nach Wahl

- Den Grieß in Schweineschmalz rösten, salzen, mit Milch aufgießen und einige Minuten quellen lassen.
- Danachin eine feuerfeste Form füllen und im Backofen bei 160 °C ca. 20 Minuten fertig backen.
- Den Speck in Würfel schneiden, in einer Pfanne anbraten und unter den fertigen Grießsterz rühren. Grießsterz mit Garnitur auf Tellern anrichten und mit beliebigem Salat servieren.

Zubereitungszeit ca. 30 Minuten

Gebackene Erdäpfelnudeln mit Sauerkraut

Zutaten für 6–8 Personen
1,2 kg Erdäpfel
Salz
1 Ei
250 g Mehl

Mehl zum Ausarbeiten

100 g Butter
120 ml Obers

Sauerkraut
400 g Sauerkraut
250 ml Wasser
1 TL Kümmel
Salz
4 Knoblauchzehen
80 g Butter

- Die Erdäpfel in Salzwasser weich kochen, auskühlen lassen.
- Die Erdäpfel schälen und durch die Erdäpfelpresse drücken.
- Die Erdäpfelmasse auf eine bemehlte Arbeitsfläche geben und mit Salz, Ei und Mehl zu einem Teig verarbeiten.
- Den Teig in 3 cm dicke Rollen formen. Davon jeweils 2 cm große Stücke abschneiden und zu Kugeln formen.
- Die Hälfte der Butter in eine Pfanne geben. Die Hälfte der Nudeln darin goldbraun braten.
- Die Hälfte des Obers dazugeben und die Nudeln zugedeckt (Hitze herunterdrehen) 5 Minuten dämpfen lassen. Warm stellen und den Vorgang mit der zweiten Hälfte der Nudeln wiederholen.
- Für das Sauerkraut das Kraut in einen Topf geben, mit Wasser aufgießen und mit Kümmel und Salz würzen. 15 Minuten weich dünsten. Den Sud abgießen.
- Den Knoblauch schälen, klein schneiden und zum Kraut geben.
- Die Butter in einer Pfanne anbräunen und über das Kraut verteilen. Nochmals ein wenig salzen und alles gut durchmischen.
- Die Erdäpfelnudeln mit Sauerkraut auf Tellern anrichten und servieren.

Zubereitungszeit ca. 1 Stunde
Wartezeit ca. 30 Minuten

Steirischer Grießsterz

Thunfischerdäpfel

Zutaten für 4 Personen
800 g kg festkochende Erdäpfel
Öl für das Backblech
100 g weiche Butter
200 g Goudakäse
250 g Thunfisch (aus der Dose)
2 EL Kräuter nach Wahl
Salz und Pfeffer

- Die Erdäpfel unter fließendem Wasser gründlich abbürsten, auf das leicht eingeölte Backblech legen und im Backofen bei 200 bis 225 °C ca. 45 Minuten backen, anschließend 30 Minuten auskühlen lassen.
- Die Erdäpfel der Länge nach halbieren und mit einem Löffel aushöhlen.
- Die Erdäpfelmasse mit einer Gabel zerdrücken.
- Die weiche Butter, den fein geschnittenen Käse, Thunfisch und gehackte Kräuter untermischen, mit Salz und Pfeffer abschmecken.
- Die Masse in die Erdäpfelhälften füllen und bei 180 °C nochmals 10 bis 15 Minuten leicht überbacken.
- Die Thunfischerdäpfel auf Tellern anrichten und heiß servieren.
- Dazu passt gemischter Salat.

Zubereitungszeit ca. 70 Minuten
Wartezeit ca. 30 Minuten

Gefüllter faschierter Braten

Gefüllter faschierter Braten

- Das Faschierte in eine große Schüssel geben.
- Die Semmeln in warme Milch legen und aufweichen lassen.
- Die Zwiebel und die Knoblauchzehen schälen und klein schneiden.
- Eier, Zwiebeln und Knoblauch zum Faschierten geben, salzen und pfeffern.
- Die ausgedrückten Semmeln dazugeben und alles gut durchmischen.
- 4 Eier hart kochen, halb auskühlen lassen und schälen.
- Den Fleischteig in eine ausgebutterte Auflaufform geben und der Länge nach eine Vertiefung in den Fleischteig drücken.
- Die geschälten Eier in die Vertiefung legen, mit Fleischteig umhüllen und eine Rolle formen.
- Im Backofen bei 180 °C ca. 70 bis 80 Minuten braten. (Zwischendurch immer wieder mit Wasser oder Suppe aufgießen!)
- Den Braten in Scheiben schneiden, auf Tellern anrichten und mit Petersilienerdäpfeln servieren.

Zubereitungszeit ca. 1 Stunde, 45 Minuten

Zutaten für 4–6 Personen
1 kg Faschiertes
2 altbackene Semmeln
120 ml Milch
1 Zwiebel
5 Knoblauchzehen
Salz und Pfeffer
2 Eier

4 Eier
Butter für die Form

Schweinsschulter auf Biersauce

- Die Schweinsschulter waschen, trocken tupfen und grob würfeln, salzen und pfeffern.
- Öl in einem weiten Topf erhitzen, das Fleisch darin anbraten.
- Mit Bier und Suppe aufgießen, das Fleisch darin 45 Minuten dünsten lassen.
- Die Erdäpfel waschen, schälen, vierteln und zum Fleisch geben. Mit Kümmel und Majoran würzen und das Ganze 30 Minuten leicht köcheln lassen.
- Die Maizena in 2 EL kaltem Wasser anrühren und mit Crème fraîche unter das Fleisch rühren. Einmal kurz aufkochen lassen.
- Die Schweinsschulter auf Tellern anrichten und servieren.

Zubereitungszeit ca. 1 Stunde, 30 Minuten

Zutaten für 4 Personen
800 g Schweinsschulter
Salz und Pfeffer
4 EL Öl
130 ml dunkles Bier
120 ml Gemüsesuppe
400 g Erdäpfel
1 TL Kümmel
1 Msp. Majoran
1 EL Maizena
2 EL Crème fraîche

Krustenschweinsbraten
mit Serviettenknödeln

Zutaten für 4–6 Personen
1 kg Schweinsschulter
Salz und Pfeffer
1 TL Kümmel
250 ml Wasser
2 Zwiebeln
4 Knoblauchzehen

Serviettenknödel
400 g Knödelbrot
400 ml Milch
3 Eier
Salz
1 Bund Petersilie
1 EL Mehl

- Die Schweinsschulter kalt waschen und trocken tupfen.
- Die Schwarte kreuzweise einschneiden, mit Salz, Pfeffer und Kümmel einreiben.
- Das Fleisch mit der Schwarte nach oben in eine Kasserolle legen. Das Wasser hinzufügen.
- Die Zwiebeln schälen, vierteln und zum Fleisch geben.
- Die Knoblauchzehen schälen und ebenfalls zum Fleisch geben.
- Im Backofen auf der zweiten Einschubleiste von unten bei 180 °C ca. 1 1/2 Stunden braten. Mehrmals mit eigenem Bratensaft übergießen.
- Nach 1 1/2 Stunden den Braten wenden und nochmals 30 Minuten braten.
- Für die Serviettenknödel das Knödelbrot mit heißer Milch übergießen, kurz ausquellen lassen.
- Danach die Eier verquirlen und über die Brotmasse gießen.
- Die Petersilie waschen, klein schneiden und zur Knödelmasse geben, salzen und alles gut vermischen. 1 Stunde durchziehen lassen.
- Danach das Mehl untermengen und die Knödelmasse zu einer Rolle formen.
- Die Knödelrolle auf eine angefeuchtete Serviette legen und in die Serviette einrollen, Enden mit einem Bindfaden fest zusammenbinden.
- Die Serviettenrolle in reichlich kochendes Salzwasser einlegen und zugedeckt 30 bis 40 Minuten leise sieden lassen.
- Knödel aus der Serviette wickeln und mit Zwirn oder einem scharfen Messer in dicke Scheiben schneiden.
- Den Braten aus der Kasserolle nehmen.
- Den Bratsaft mit etwas Wasser aufgießen und unter Rühren nochmals kurz aufkochen lassen, anschließend den Saft durch ein Sieb streichen und in einem Gefäß auffangen.
- Den Braten in Scheiben schneiden und zusammen mit dem Saft und den Serviettenknödeln auf Tellern anrichten und servieren.

Zubereitungszeit ca. 2 Stunden, 20 Minuten
Wartezeit ca. 1 Stunde

Faschierte Spieße

Zutaten für 4 Personen
600 g Faschiertes
2 Semmeln
250 ml Milch
1 Ei
Salz und Pfeffer
je 1 grüne und 1 rote Paprikaschote
2 Zwiebeln
120 ml Öl

- Das Faschierte in eine große Schüssel geben.
- Die Semmel in der Milch einweichen, ausdrücken und zum Faschierten geben.
- Ei, Salz und Pfeffer dazugeben, alles gut durchmischen und aus der Masse kleine Röllchen formen.
- Die Paprikaschoten waschen, entkernen und in größere Stücke schneiden. Die Zwiebeln schälen und in Spalten schneiden.
- Anschließend Fleischröllchen, Paprika- und Zwiebelstücke auf die Spieße stecken. Öl in eine große Pfanne geben und die Spieße beidseitig braten.
- Die Spieße mit gebackenen Erdäpfelscheiben auf Tellern anrichten und servieren.
- Erdäpfelscheiben: Pro Person 2 mittlere Erdäpfel schälen, in Scheiben schneiden, auf ein befettetes Backblech legen, mit Salz, Pfeffer und Kümmel würzen. Bei 200 °C ca. 20 Minuten backen.

Zubereitungszeit ca. 25 Minuten

Hüttengulasch

Zutaten für 4–6 Personen
800 g Rindfleisch (Beinfleisch)
400 g Zwiebeln
4 EL Öl
2 EL Paprikapulver
2 Msp. Cayennepfeffer
1 TL Kümmel
1 Msp. Majoran
je 1 grüne und 1 rote Paprikaschote
2 EL Mehl
750 ml Rindsuppe

- Das Rindfleisch waschen, trocken tupfen und in würfelige Stücke schneiden.
- Die Zwiebeln schälen und klein schneiden.
- Das Öl in einer Pfanne erhitzen und die Zwiebeln darin goldgelb anrösten.
- Die Fleischstücke dazugeben und kurz mitrösten.
- Die Gewürze beifügen und unterrühren. Das Fleisch mehrmalig mit wenig Wasser begießen, umrühren und zugedeckt 1 1/2 Stunden langsam weich dünsten.
- Die Paprikaschoten halbieren, entkernen und waschen, anschließend kleinwürfelig schneiden und zum Gulasch geben. Weitere 5 Minuten dünsten lassen.
- Das Gulasch mit Mehl stauben, mit Suppe aufgießen und die Sauce gut verkochen.
- Das Gulasch portionsweise auf Tellern anrichten und mit Eierspätzle servieren.

Zubereitungszeit ca. 2 Stunden

Faschierte Spieße

Gefüllte Hühnerbrust

Zutaten für 4 Personen
4 Hühnerbrustschnitzel
(à ca. 200 g)
Salz und Pfeffer

Alufolie
4 EL Öl für die Folie

Fülle
150 g Eierschwammerln
1 Zwiebel
3 EL Öl
4 EL Mehl
Saft von 2 Zitronen
1/2 Bund Petersilie
Salz und Pfeffer

Pfeffersauce
2 EL Pfefferkörner
30 g Butter
2 EL Mehl
200 ml Rindsuppe
1 Bund Schnittlauch
100 ml Obers
Salz

Kroketten
500 g Erdäpfel
1 Ei
Salz
150 g Mehl
Mehl zum Ausarbeiten
Öl zum Backen

- Die Hühnerbrustschnitzel waschen, trocken tupfen und dünn klopfen, mit Salz und Pfeffer würzen.
- Die Eierschwammerln putzen, waschen und klein hacken.
- Die Zwiebel schälen und klein schneiden.
- Das Öl in einer Pfanne erhitzen und die Zwiebel darin anschwitzen.
- Die klein gehackten Schwammerln dazugeben und alles gut durchrösten.
- Mit Mehl stauben und mit Zitronensaft aufgießen. 5 Minuten schmoren lassen.
- Die klein geschnittene Petersilie einrühren und mit Salz und Pfeffer abschmecken.
- Die Pilzmasse gleichmäßig auf die Hühnerbrüste verteilen, anschließend die Hühnerbrüste einschlagen und mit Zahnstochern fixieren.
- Alufolie in passend große Stücke schneiden und auf der Innenseite einölen.
- Die Hühnerbrüste darin einwickeln und auf den Rost in der mittleren Einschubleiste legen. Bei 200 °C 40 bis 45 Minuten backen.
- Für die Pfeffersauce 1/2 EL Pfefferkörner zerdrücken und in einer Pfanne in heißer Butter anschwitzen. Mit Mehl stauben und mit der Suppe aufgießen. Mit dem Schneebesen glatt rühren, danach die restlichen ganzen Pfefferkörner einrühren.
- Schnittlauch waschen, klein schneiden und unter die Sauce rühren.
- Zuletzt das Obers unterrühren und mit Salz abschmecken.
- Die Hühnerbrüste wieder aus der Folie nehmen und zusammen mit der Pfeffersauce auf Tellern anrichten. Dazu passen Erdäpfelkroketten.
- Für die Kroketten die Erdäpfel weich kochen, auskühlen lassen.
- Die Erdäpfel schälen und durch die Erdäpfelpresse drücken.
- Auf eine bemehlte Arbeitsfläche geben und mit Ei, Salz und Mehl zu einem Teig verarbeiten.
- Aus dem Teig eine Rolle formen, kleine Stücke abschneiden und zu Kroketten formen. In heißem Öl schwimmend goldgelb backen.

Zubereitungszeit ca. 1 Stunde, 20 Minuten
(plus 40 Minuten für die Kroketten)
Wartezeit ca. 30 Minuten (für die Kroketten)

Hühnerfilet in Currysauce mit Mangoreis

Zutaten für 4 Personen
20 g Butter
200 g Basmatireis
Salz
500 ml Wasser
1 Mango
4 große Hühnerfilets
Salz und Pfeffer
3 TL Curry
2 Msp. Cayennepfeffer
2 EL Öl
250 ml Hühnersuppe
125 ml Obers

- Die Butter in einem kleinen Topf erhitzen.
- Den Reis waschen und in der heißen Butter kurz andünsten, salzen und mit Wasser aufgießen, kurz aufkochen lassen. Hitze herunterdrehen den Reis 15 Minuten quellen lassen.
- Die Mango schälen und in kleine Stücke schneiden. Unter den Reis geben und weitere 5 Minuten dünsten lassen.
- Die Hühnerfiletstücke waschen und trocken tupfen, mit Salz, Pfeffer und etwas Curry einreiben.
- Das Öl in der Pfanne erhitzen, die Filetstücke darin beidseitig krustig anbraten.
- Hühnerfiletstücke aus der Pfanne nehmen und warm stellen.
- Restlichen Curry und Cayennepfeffer in den Bratensatz einrühren und kurz andünsten. Mit Suppe und Obers aufgießen und gut einkochen lassen.
- Die Hühnerfilets in der Sauce auf Tellern anrichten und mit Mangoreis servieren.

Zubereitungszeit ca. 35 Minuten

Gemischter Spieß mit Letscho

Zutaten für 4 Personen
250 g Hühnerbrust
250 g Putenfleisch
250 g Minutensteaks vom Schwein
Salz und Pfeffer
3 EL Öl

Letscho
2 Paradeiser
je 1 gelbe, 1 grüne und 1 rote Paprikaschote
1 Zwiebel
2 EL Öl
80 ml Gemüsesuppe
1 Chilischote
Salz und Pfeffer

- Die verschiedenen Fleischsorten waschen und trocken tupfen.
- Abwechselnd auf Spieße stecken und mit Salz und Pfeffer würzen.
- Das Öl in einer Pfanne heiß werden lassen. Die Spieße darin bei mittlerer Hitze beidseitig braten.
- Für das Letscho die Paradeiser kreuzweise einschneiden und heiß überbrühen. Kalt abschrecken, schälen und in Streifen schneiden.
- Die Paprikaschoten halbieren, entkernen, waschen und in Streifen schneiden.
- Die Zwiebel schälen und in feine Ringe schneiden.
- Das Öl in einer Pfanne erhitzen, die Zwiebelringe darin goldgelb anrösten, danach die Paradeiser- und Paprikastreifen dazugeben und alles gut durchrösten. Mit Suppe aufgießen.
- Die Chilischote waschen, klein schneiden und beimengen, mit Salz und Pfeffer abschmecken. 12 Minuten leicht köcheln lassen.
- Die Spieße auf Tellern anrichten und das Letscho darübergeben.
- Dazu passt gemischter Salat.

Zubereitungszeit ca. 35 Minuten

Hühnerfilet

Paprikahähnchen

Zutaten für 4 Personen
1 großes Hähnchen (1,3 kg)
Salz und Pfeffer
3 EL Öl
2 EL Paprikapulver (edelsüß)
2 EL Paradeisermark
250 ml Gemüsesuppe
1 EL Maizena
125 ml Obers

- Das Hähnchen waschen und in 8 Teile teilen, mit Salz und Pfeffer einreiben.
- Das Öl in der Pfanne erhitzen und die Hähnchenteile darin rundherum goldbraun anbraten.
- Die Hähnchenteile aus der Pfanne nehmen, den Bratensatz mit Paprikapulver und Paradeisermark gut verrühren und mit der Suppe aufgießen.
- Die Hähnchenstücke in den Sud geben und zugedeckt 45 Minuten schmoren lassen, anschließend wieder aus der Pfanne nehmen und auf eine vorgewärmte Platte legen.
- Maizena in 2 EL Wasser anrühren und mit dem Obers unter die Sauce rühren, kurz aufkochen lassen.
- Paprikahähnchen auf Tellern anrichten, die Sauce darübergießen und mit Reis servieren.

Zubereitungszeit ca. 1 Stunde, 10 Minuten

Schnitzel in Käsesauce

Zutaten für 4 Personen
4 Schweinsschnitzel
Salz und Pfeffer
3 EL Mehl
2 EL Öl
1 EL Butter

Käsesauce
250 ml Rindsuppe
70 g Gorgonzola
50 g Edamerkäse
1/2 TL Oregano
3 EL Obers
1/2 Bund Petersilie

- Schnitzel waschen, trocken tupfen und flach klopfen, mit Salz und Pfeffer würzen.
- Jeweils eine Seite der Schnitzel in Mehl andrücken.
- Das Öl in einer Pfanne erhitzen, danach die Butter einrühren.
- Die Schnitzel in dem heißem Öl-Butter-Gemisch beidseitig anbraten, anschließend aus der Pfanne nehmen und warm stellen.
- Für die Käsesauce den Bratenfond mit Rindsuppe aufgießen, Käse in dünne Streifen schneiden und einrühren. Mit Oregano abschmecken. 10 Minuten köcheln lassen.
- Die Pfanne von der Platte ziehen und die Sauce mit Obers verfeinern.
- Die Schnitzel mit der Käsesauce auf Tellern anrichten und mit fein geschnittener Petersilie bestreut servieren.
- Dazu passen Eierspätzle.

Zubereitungszeit ca. 30 Minuten

Paprikahähnchen

Sommersalat

mit Putenbruststreifen und Brotkrusteln

Zutaten für 2 Personen
1 halber Kopf knackiger Salat
1 Bund Radieschen
1 Hand voll Gartenkresse

Marinade
Salz, Pfeffer, Öl und Essig

200 g Putenfleisch
Salz und Pfeffer
80 g Butter
1 große Scheibe Schwarzbrot

- Den Salat waschen und zerpflücken. Die Radieschen waschen und in dünne Scheiben schneiden. Die Gartenkresse waschen. Alles gefällig auf Tellern anrichten.
- Das Putenfleisch in Streifen schneiden, salzen und pfeffern.
- In einer Pfanne zwei Drittel der Butter erhitzen und die Putenstreifen darin anbraten.
- Die Brotscheibe in kleine Würfel schneiden und diese in der restlichen Butter knusprig anbraten.
- Den Salat marinieren und mit Putenstreifen und Brotkrusteln garnieren.

Zubereitungszeit ca. 15 Minuten

Zwiebelfleischragout

Zutaten für 4 Personen
5 Zwiebeln
80 ml Öl
2 EL Paradeisermark
125 ml Weißwein
500 ml Rindsuppe
700 g Rindfleisch (Schulter)
1 EL Kümmel
Salz und Pfeffer
300 g Erdäpfel
20 g Mehl
125 ml Obers

- Die Zwiebeln schälen und klein schneiden.
- Das Öl in einer Pfanne erhitzen und die Zwiebeln darin anrösten.
- Paradeisermark einrühren und mit Wein und Suppe aufgießen.
- Das Fleisch waschen und trocken tupfen, danach kleinwürfelig schneiden und dazugeben. Mit Kümmel, Salz und Pfeffer würzen, dann 1 Stunde köcheln lassen.
- Die Erdäpfel schälen, waschen und in kleine Stücke schneiden. Zum Zwiebelfleisch geben und 20 Minuten dünsten lassen.
- Das Mehl mit dem Obers verrühren und unter das Ragout rühren. Noch weitere 5 Minuten leicht köcheln lassen.
- Das Zwiebelfleischragout auf vorgewärmten Tellern anrichten und heiß servieren.

Zubereitungszeit ca. 1 Stunde, 40 Minuten

Sommersalat

Paprika-Leber-Pfandl auf Bandnudeln

Zutaten für 4 Personen

1 Zwiebel
600 g Schweinsleber
je 1 grüne und 1 rote Paprikaschote
3 EL Öl
3 EL Paradeisermark
250 ml Gemüsesuppe
200 g Crème fraîche
Salz und Pfeffer

400 g Bandnudeln
Salz

- Die Zwiebel schälen und klein schneiden.
- Die Leber unter fließendem Wasser waschen, trocken tupfen und in 4 cm breite Streifen schneiden.
- Die Paprikaschoten halbieren, entkernen, waschen und in große Würfel schneiden.
- Das Öl in einer Pfanne erhitzen und die Zwiebel darin goldgelb anschwitzen. Die Leber dazugeben und anrösten.
- Paprikawürfel hinzufügen, Paradeisermark einrühren und mit Suppe aufgießen. 10 Minuten leicht köcheln lassen.
- Crème fraîche unterrühren und mit Salz und Pfeffer abschmecken.
- Die Bandnudeln in siedendes Salzwasser geben und al dente kochen, anschließend abseihen und kalt abschrecken. Gut abtropfen lassen.
- Die Bandnudeln portionsweise auf Teller geben, das Paprika-Leber-Pfandl darauf anrichten und servieren.

Zubereitungszeit ca. 30 Minuten

Kalbsbeuschelhaschee

Zutaten für 4 Personen
400 g Kalbslunge
400 g Kalbsherz
3 EL Öl
4 EL Mehl
200 ml Milch
1 EL Kapern
Salz und Pfeffer
1/2 Bund Petersilie

- Die Lunge und das Herz gut abspülen und in reichlich Salzwasser gut 2 Stunden kochen lassen. Die Innereien herausnehmen und auskühlen lassen.
- Die Knorpel aus der Lunge entfernen, Lunge und Herz sehr klein schneiden.
- Das Öl in einer Pfanne erhitzen, das Mehl darin goldgelb anrösten und mit Milch aufgießen.
- Die Einbrenn mit dem Schneebesen glatt rühren, anschließend 5 Minuten kochen lassen. Mit Kapern, Salz und Pfeffer abschmecken.
- Die Innereien dazugeben und 1 Minute aufkochen lassen.
- Das Kalbsbeuschelhaschee auf Erdäpfelpüree oder auf getoastetem Brot anrichten.
- Vor dem Servieren eventuell mit fein geschnittener Petersilie bestreuen.

Zubereitungszeit ca. 2 Stunden, 20 Minuten
Wartezeit ca. 30 Minuten

Kärntner Kalbsleber

Zutaten für 4 Personen
4 Scheiben Kalbsleber (600 g)
Mehl zum Wenden
3 EL Öl
1 Zwiebel
1 Schuss Essig
125 ml Gemüsesuppe
2 EL Mehl
100 ml Obers
1 TL Kapern
Salz und Pfeffer

- Die Kalbsleberscheiben unter fließendem Wasser waschen und trocken tupfen.
- Die Leberscheiben in Mehl wenden.
- Öl in der Pfanne erhitzen und die Leberscheiben darin kurz anbraten, danach aus der Pfanne nehmen.
- Die Zwiebel schälen und klein schneiden, in den Bratenrückstand geben und goldgelb anrösten, mit Essig und Suppe aufgießen.
- Die gebratene Leber dazugeben und 5 Minuten leicht köcheln lassen.
- Das Mehl in Obers anrühren und zur Leber geben. Nochmals 3 Minuten durchkochen lassen.
- Zuletzt mit Kapern, Salz und Pfeffer abschmecken.
- Kalbsleber auf Tellern anrichten und mit Erdäpfelkroketten (s. Seite 76) servieren.

Zubereitungszeit ca. 25 Minuten

Kalbsbeuschelhaschee

Nieren am Spieß

Zutaten für 4 Personen
3 Schweinsnieren
300 ml Milch
Salz und Pfeffer
1 Msp. Majoran
8 Champignons
3 EL ÖL

Senfsauce
1/2 Zwiebel
50 g Butter
40 g Mehl
300 ml Gemüsesuppe
2 EL Senf
Salz, Pfeffer, etwas Zucker
1 EL Essig

- Die Schweinsnieren 10 Stunden in Milch legen.
- Die Nieren aus der Milch nehmen, abtupfen und in Stücke schneiden, mit Salz Pfeffer und Majoran würzen.
- Die Champignons putzen, waschen und Stiele entfernen.
- Nierenstücke und Champignonköpfe abwechselnd auf die Spieße stecken.
- Das Öl in einer Pfanne erhitzen, die Spieße darin bei mittlerer Hitze beidseitig knusprig braun braten.
- Für die Senfsauce die Zwiebelhälfte schälen und klein schneiden.
- Butter in einer Pfanne heiß werden lassen, die Zwiebel darin goldgelb anschwitzen.
- Das Mehl darüberstäuben und einmal aufschäumen lassen.
- Mit Suppe aufgießen und mit dem Schneebesen glatt rühren. 3 Minuten kochen lassen.
- Die Pfanne von der Herdplatte nehmen und den Senf unterrühren, mit Salz, Pfeffer, Zucker und Essig abschmecken.
- Die Spieße auf Teller geben und mit der Sauce anrichten. Dazu passt Erdäpfelpüree.

Zubereitungszeit ca. 30 Minuten
Wartezeit ca. 10 Stunden

Überbackene Fischroulade

Überbackene Fischroulade

- Die Schollenfilets waschen und trocken tupfen, mit Salz und Pfeffer würzen.
- Die Filetstücke einrollen und in eine ausgebutterte Auflaufform legen.
- Die Paradeiser kreuzweise einschneiden, heiß überbrühen und kalt abschrecken, schälen und in kleine Stücke schneiden, anschließend auf die Rouladen verteilen.
- Den Lauch putzen, waschen und in feine Ringe schneiden, über die Paradeiserstücke geben.
- Chilischoten, Petersilie und Dill waschen und fein hacken, das Gemüse damit bestreuen. Mit Oregano abschmecken.
- Zuletzt den Käse fein reiben und über das Gemüse streuen, in den Backofen geben und bei 180 °C ca. 30 Minuten backen.
- Die Fischrouladen auf Tellern anrichten und heiß servieren.
- Dazu passen Folienerdäpfel.

Zubereitungszeit ca. 50 Minuten

Zutaten für 4 Personen
4 Schollenfilets (à ca. 150 g)
Salz und Pfeffer

Butter für die Form

150 g Paradeiser
3 Stangen Lauch
2 Chilischoten
1 Bund Petersilie
1/2 Bund Dill
1 TL Oregano
150 g würziger Käse

Schollenfilets auf gedünstetem Salat

- Die Schollenfilets waschen, trocken tupfen und mit Zitronensaft beträufeln. Mit fein gehackter Petersilie und fein gehacktem Thymian bestreuen, mit Salz und Pfeffer würzen.
- Das Öl in einer Pfanne erhitzen, die Filets darin beidseitig braten.
- Mit Wein aufgießen und 10 Minuten schmoren lassen.
- Den Salat waschen und gut abtropfen lassen, die Salatblätter in feine Streifen schneiden.
- Die Zwiebeln waschen und in feine Ringe schneiden.
- Die Salatstreifen und Zwiebelringe in Butter kurz andünsten, mit Salz und Pfeffer würzen.
- Den gedünsteten Salat auf Teller verteilen und die Filets darauf anrichten.

Zubereitungszeit ca. 30 Minuten

Zutaten für 4 Personen
4 Schollenfilets (à ca. 150 g)
Saft 1 Zitrone
1 Bund Petersilie
1 Bund Thymianzweige
Salz und Pfeffer
3 EL Öl
80 ml Weißwein
1 Kopfsalat
2 Frühlingszwiebeln
60 g Butter

Überbackener Dorsch

mit eingemachten Erdäpfeln

Zutaten für 4 Personen
600 g Dorsch
Salz
2 Eier
80 g Mehl
50 g Semmelbrösel
50 g geriebener Parmesan
300 g Zucchini
2 Zwiebeln
250 ml Öl

Eingemachte Erdäpfel
800 g Erdäpfel
50 g Butter
1 EL Mehl
60 ml Milch
100 ml Obers
Salz
1 EL gehackte Kräuter (Petersilie oder Basilikum)

- Den Dorsch waschen und trocken tupfen. In Würfel schneiden und salzen.
- Die Eier in einem Teller verquirlen und je einen Teller mit Mehl und Semmelbrösel-Parmesan-Gemisch bereitstellen.
- Die Fischwürfel zuerst in Mehl, dann in Ei und zuletzt in dem Semmelbrösel-Parmesan-Gemisch panieren.
- Die Zucchini waschen und in Scheiben schneiden.
- Die Zwiebeln schälen, halbieren und ihre Schichten voneinander lösen.
- Fischwürfel und das Gemüse abwechselnd auf die Spieße stecken.
- Das Öl in einer Pfanne erhitzen, die Spieße darin beidseitig goldbraun backen.
- Für die eingemachten Erdäpfel die Erdäpfel in Salzwasser kochen, auskühlen lassen.
- Die Erdäpfel schälen und in Scheiben schneiden.
- Die Butter in der Pfanne heiß werden lassen, das Mehl darin anschwitzen.
- Mit Milch und Obers aufgießen. 3 Minuten köcheln lassen, mit Salz abschmecken.
- Die Erdäpfelscheiben unterrühren, neben den Spießen auf Tellern anrichten und mit Petersilie oder Basilikum bestreut servieren.

Zubereitungszeit ca. 1 Stunde, 20 Minuten
Wartezeit ca. 30 Minuten

Stockfischgröstl

Zutaten für 6–8 Personen
1 kg Erdäpfel
200 g Suppengrün (Karotte, Sellerie, Lauch, Petersilie)
600 g Stockfisch
1 Lorbeerblatt
1 TL Pfefferkörner
Salz
4 EL Öl
1/2 TL Kümmel
Salz und Pfeffer
1/2 Bund Petersilie

- Die Erdäpfel in Salzwasser kochen, auskühlen lassen, danach schälen und blättrig schneiden.
- Das Suppengrün putzen, waschen und grob schneiden.
- Den eingeweichten Stockfisch mit dem Suppengrün und den Gewürzen in einem Topf mit reichlich Wasser zum Kochen bringen. 15 Minuten gar ziehen lassen, danach den Fisch aus dem Sud heben und etwas abkühlen lassen.
- Das Fischfleisch von den Gräten lösen und in kleine Stücke schneiden.
- Das Öl in der Pfanne erhitzen, die Erdäpfel darin kräftig anrösten. Mit Kümmel, Salz und Pfeffer würzen.
- Die Fischstücke untermengen und 5 Minuten mit durchrösten.
- Zuletzt die Petersilie waschen, fein schneiden und unter das Stockfischgröstl mischen.
- Auf Tellern anrichten und mit grünem Salat servieren.

Zubereitungszeit ca. 45 Minuten
Wartezeit ca. 30 Minuten

Gebratene Forelle mit Lauchgemüse

Zutaten für 4 Personen
4 Forellen (küchenfertig, à ca. 150 g)
Salz und Pfeffer
2 EL Mehl
50 g Butter
4 Stangen Lauch
1 Bund Petersilie
1 EL Worcestersauce
125 g Joghurt

- Die Forellen waschen und trocken tupfen. Von innen und außen salzen und pfeffern, danach in Mehl wenden.
- Butter in einer Pfanne zergehen lassen.
- Die Forellen braun anbraten und bei kleiner Hitze 10 Minuten garen lassen.
- Die Forellen aus der Pfanne nehmen und warm stellen.
- Den Lauch putzen, waschen und in 2 cm breite Streifen schneiden.
- Die Petersilie waschen und fein schneiden.
- Lauch und Petersilie in die Fischpfanne geben, Worcestersauce und Joghurt unterrühren, mit Salz und Pfeffer abschmecken, 5 Minuten dünsten lassen.
- Die Forelle mit dem Lauchgemüse auf vorgewärmten Tellern anrichten.
- Dazu passen Salzerdäpfel.

Zubereitungszeit ca. 30 Minuten

Forelle Milano

Zutaten für 4 Personen
4 Forellen (küchenfertig, à ca. 150 g)
Salz und Pfeffer
Butter für die Form
4 Frühlingszwiebeln
125 ml Weißwein
2 TL Sardellenpaste
3 EL Obers

- Die Forellen waschen und trocken tupfen. Von innen und außen salzen und pfeffern.
- Eine feuerfeste Form ausbuttern, die Forellen in die Form legen.
- Die Frühlingszwiebeln putzen, waschen und in dünne Ringe schneiden, neben den Forellen in die Form legen. Den Wein darübergießen und im Backofen bei 180 °C ca. 20 Minuten garen.
- Die Form aus dem Backofen nehmen, die Forellen herausheben und warm stellen.
- Die Sardellenpaste und das Obers in den heißen Fischfond einrühren, mit Salz und Pfeffer abschmecken. Noch 2 Minuten auf der Herdplatte köcheln lassen.
- Die Forellen auf vorgewärmten Tellern anrichten und mit der Sauce übergießen.
- Dazu passen Ofenerdäpfel.

Zubereitungszeit ca. 30 Minuten

Gebratene Forelle

Pangasiusfilet auf Schalotten-Erdäpfeln

Zutaten für 4 Personen
500 g Erdäpfel
2 Schalotten
1 Bund Petersilie
60 g Butter
125 ml Weißwein
4 Pangasiusfilets
3 EL Öl
Salz
Saft von 2 Zitronen

- Die Erdäpfel schälen, waschen und in Stücke schneiden. Die Schalotten schälen und klein schneiden, die Petersilie waschen und fein hacken.
- Die Butter in einer Pfanne erhitzen, Schalotten und Petersilie darin anschwitzen.
- Die Erdäpfel dazugeben und mit Wein aufgießen. 5 Minuten dünsten lassen.
- Die Pangasiusfilets waschen, trocken tupfen und salzen.
- Öl in einer Pfanne erhitzen, die Pangasiusfilets darin beidseitig goldbraun braten.
- Die Pangasiusfilets in die Pfanne zu den Erdäpfeln geben. Zitronensaft dazugeben und langsam 15 Minuten gar dünsten.
- Die Pangasiusfilets mit den Erdäpfeln auf Tellern anrichten und servieren.

Zubereitungszeit ca. 30 Minuten

Fischragout

Zutaten für 4–6 Personen
500 g Erdäpfel
150 g Zucchini
3 Stangen Lauch
4 Paradeiser
500 g Kabeljaufilet
Öl für die Form
Salz und Pfeffer
150 g schwarze Oliven
2 EL Kapern
120 ml Weißwein
2 EL Olivenöl

- Die Erdäpfel schälen, waschen und in Scheiben schneiden.
- Die Zucchini waschen und in Scheiben schneiden.
- Den Lauch putzen, waschen und in Ringe schneiden.
- Die Paradeiser kreuzweise einschneiden und heiß überbrühen, abschrecken, schälen und in kleine Stücke schneiden, für den Belag beiseite stellen.
- Die Fischfilets waschen, trocken tupfen und in 3 cm breite Stücke schneiden.
- Eine Auflaufform mit Öl bestreichen und abwechselnd eine Lage Zucchini, eine Lage Lauch und eine Lage Fisch hineinschichten. Jede Lage salzen, pfeffern und mit Oliven, Kapern und Paradeiserstücken belegen.
- Zuletzt mit Weißwein und Olivenöl übergießen.
- Im Backofen bei 180 °C ca. 30 Minuten backen.

Zubereitungszeit ca. 50 Minuten

Pangasiusfilet

Italienischer Fischsalat

Zutaten für 4 Personen
200 g Seehecht
200 g Dorsch
1 Forelle
2 Frühlingszwiebeln
4 Stk. in Essig eingelegte Paprikaschoten
1 Zwiebel
1/2 Bund Dill
120 g Oliven
Saft von 2 Zitronen
2 EL Öl
Salz und Pfeffer
50 ml Weißwein

- Einen Topf mit reichlich Salzwasser zum Kochen bringen. Das Fischfleisch darin kurz aufkochen lassen und bei schwacher Hitze ca. 10 Minuten kochen.
- Den Fisch aus dem Wasser nehmen und abkühlen lassen.
- Das Fischfleisch vom Kopf und von den Gräten lösen, danach das Fischfleisch in mundgerechte Stücke teilen und in eine Schüssel geben.
- Die Frühlingszwiebeln putzen, waschen und in ca. 1 cm breite Ringe schneiden.
- Die eingelegten Paprikaschoten in Streifen schneiden, die Zwiebel schälen und in dünne Ringe schneiden, den Dill waschen und fein hacken.
- Das zerkleinerte Gemüse und den Dill zu den Fischstücken geben und vorsichtig vermischen. Die Oliven untermengen.
- Aus Zitronensaft, Öl, Salz, Pfeffer und Wein eine Marinade rühren und über den Fischsalat geben.
- Den Fischsalat auf Tellern anrichten und servieren.

Zubereitungszeit ca. 30 Minuten

Pute süß-sauer

- Das Putenfleisch waschen, trocken tupfen und in Streifen schneiden.
- Die Zwiebeln schälen und in größere Stücke schneiden.
- Die Paprikaschoten halbieren, entkernen, waschen und in Streifen schneiden.
- Die Karotten schälen, waschen und in Streifen schneiden.
- Den Apfel schälen und fein reiben, die Banane schälen und zerdrücken.
- Das Öl in einem Wok heiß werden lassen, die Putenstreifen darin anbraten.
- Zwiebel, Paprika und Karotten dazugeben und alles gut durchrösten, mit Salz und Pfeffer würzen und mit Zitronensauce aufgießen.
- Paradeiserketchup, geriebenen Apfel und die zerdrückte Banane untermengen. 5 Minuten leicht köcheln lassen.
- Für den Gemüsereis den Reis waschen und in kochendes Salzwasser geben.
- Die Karotten schälen, waschen und in feine Streifen schneiden. Mit den Erbsen zum Reis geben. Das Ganze ca. 20 Minuten weich dünsten.
- Butter in einer Pfanne erhitzen, die Eier zerquirlen und darin anrösten.
- Den Reis dazugeben und alles gut durchbraten.
- Pute mit Gemüsereis auf Tellern anrichten und heiß servieren.

Zubereitungszeit ca. 40 Minuten

Zutaten für 6 Personen

600 g Putenfleisch
2 Zwiebeln
je 1 grüne und 1 rote Paprikaschote
2 Karotten
1 Apfel
1 Banane
2 EL Öl
Salz und Pfeffer
200 g chinesische Zitronensauce
2 EL Paradeiserketchup

Gemüsereis

300 g Rundkornreis
600 ml Wasser
Salz
3 Karotten
200 g Erbsen (tiefgefroren)
80 g Butter
2 Eier

Nudeln mit Hühnerfleisch und Gemüse

Zutaten für 6 Personen
400 g dicke Suppennudeln
500 g Hühnerbrust
Salz und Pfeffer
100 g kleine Pilze (Eierschwammerln, Champignons – je nach persönlichem Geschmack)
100 g Bambussprossen
3 Karotten
150 g Chinakohl
6 EL Öl
120 ml Reiswein
2 EL Sesamöl
3 EL Sojasauce

- Die Nudeln in Salzwasser 8 Minuten kochen, abseihen und warm stellen.
- Die Hühnerbrust waschen, trocken tupfen und in 3 cm breite Streifen schneiden, leicht salzen und pfeffern.
- Die Pilze putzen, in einem Sieb waschen und abtropfen lassen.
- Die Bambussprossen putzen, waschen und in Stücke schneiden.
- Die Karotten schälen, waschen und in Streifen schneiden.
- Den Chinakohl waschen und grob schneiden.
- 3 EL Öl in einem Wok heiß werden lassen und das Gemüse darin 5 Minuten rösten.
- Mit Reiswein aufgießen, mit Salz und Pfeffer würzen. Zuletzt das Sesamöl und die Sojasauce unterrühren.
- 3 EL Öl in einer Pfanne erhitzen, die Hühnerstreifen darin anbraten.
- Das Hühnerfleisch aus der Pfanne nehmen und zum Gemüse geben. Die Nudeln dazugeben und mit dem Hühnerfleisch und dem Gemüse gut vermischen.
- Auf Tellern anrichten und heiß servieren.

Zubereitungszeit ca. 25 Minuten

Gado nach Szechuan-Art

Zutaten für 4 Personen
300 g Mehl
1 Ei
Salz
100 ml Milch
2 Eiklar zum Bestreichen
1/2 Bund Petersilie
geschlagenes Obers zum Garnieren

Fülle
400 g Faschiertes (halb und halb)
2 Zwiebeln
4 Knoblauchzehen
2 rote Chilischoten
Salz und Pfeffer

Garnitur
nach Belieben (z. B. Tomatenscheiben, Vogerlsalat)

- Mehl, Ei, Salz und Milch zu einem festen Teig verkneten. 30 Minuten rasten lassen.
- Für die Fülle das Faschierte in eine Schüssel geben.
- Die Zwiebeln und Knoblauchzehen schälen, klein schneiden und mit dem Faschierten vermengen.
- Die Chilischoten abspülen, klein schneiden und beimengen, mit Salz und Pfeffer würzen.
- Den Teig 1 cm dick ausrollen und in ca. 8 x 8 cm große Quadrate schneiden.
- Die Fülle auf die Quadrate verteilen, Teigränder mit Eiklar bestreichen.
- Die Quadrate diagonal zusammenschlagen, die Ränder fest zusammendrücken.
- Die Teigecken in siedendem Salzwasser 15 Minuten wallen lassen.
- Die Gado mit einem Schaumlöffel aus dem Salzwasser nehmen und auf Tellern anrichten.
- Mit einem Klecks Obers und beliebiger Garnitur servieren.

Zubereitungszeit ca. 40 Minuten
Wartezeit ca. 30 Minuten

Shrimps mit Zwiebel-Lauch-Gemüse

Zutaten für 4 Personen
400 g Shrimps
Salz und Pfeffer
2 Zwiebeln
4 Stangen Lauch
2 Chilischoten
2 EL Öl
200 ml Reiswein
3 EL Sojasauce
1 Prise Ingwer
Salz
gemischter Pfeffer

- Die Shrimps waschen und trocken tupfen, mit Salz und Pfeffer würzen.
- Die Zwiebeln schälen und in große Stücke schneiden.
- Den Lauch putzen, waschen und in 2 cm große Stücke schneiden.
- Die Chilischoten abspülen und klein schneiden.
- Das Öl in einer Pfanne erhitzen, die Shrimps darin anbraten.
- Das zubereitete Gemüse zu den Shrimps geben und alles gut durchrösten. Mit Reiswein aufgießen, Sojasauce dazugeben und mit Ingwer, Salz und dem gemischten Pfeffer würzen. 5 Minuten dünsten lassen.
- Das Gemüse auf vorgewärmten Tellern anrichten und die Shrimps dekorativ darauf platzieren.

Zubereitungszeit ca. 30 Minuten

Schweinefleisch mit Bambussprossen und Pilzen

Zutaten für 4 Personen
800 g Schweinefleisch (Schnitzelfleisch)
100 g Bambussprossen
100 g Champignons
2 EL Öl
Salz und Pfeffer
200 ml Reiswein
100 g Erbsen (tiefgefroren)
3 EL Sojasauce

- Das Schweinefleisch waschen, trocken tupfen und in 3 cm breite Streifen schneiden.
- Die Bambussprossen putzen, waschen und in kleine Stücke schneiden.
- Die Champignons putzen, waschen und blättrig schneiden.
- Das Öl in einem Wok heiß werden lassen, die Fleischstreifen salzen und darin anbraten.
- Bambussprossen und Champignons dazugeben, mit Reiswein aufgießen und bei kleiner Hitze 20 Minuten köcheln lassen.
- Zuletzt die Erbsen dazugeben und mit Sojasauce, Salz und Pfeffer abschmecken. 5 Minuten leicht köcheln lassen.
- Auf Tellern anrichten und heiß servieren.
- Dazu passt Reis.

Zubereitungszeit ca. 40 Minuten

Riesengarnelen

Gemüse auf Nudeln

Zutaten für 4 Personen
500 g dicke Suppennudeln
2 Frühlingszwiebeln
3 Stangen Lauch
2 Karotten
je 1 grüne und 1 rote Paprikaschote
100 g Bambussprossen
100 g Sojasprossen
2 EL Öl
120 ml Reiswein
1 TL Curry
Salz und Pfeffer

- Die Nudeln in Salzwasser 8 Minuten kochen, abseihen und warm stellen.
- Die Frühlingszwiebeln und den Lauch putzen, waschen und in Ringe schneiden.
- Die Karotten schälen, waschen und in 1 cm breite Streifen schneiden.
- Die Paprikaschoten halbieren, entkernen, waschen und in 1 cm breite Streifen schneiden.
- Die Bambussprossen und Sojasprossen abseihen und abspülen.
- Das Öl in einem Wok erhitzen, das Gemüse darin anbraten. Mit Reiswein aufgießen. Mit Curry, Salz und Pfeffer würzen. 5 Minuten dünsten lassen.
- Die Nudeln auf vorgewärmten Tellern anrichten und das Gemüse darüber verteilen.

Zubereitungszeit ca. 25 Minuten

Zwetschkenbuchteln

- Die Germ in 2 EL lauwarmer Milch auflösen und in 3 EL Mehl anrühren. 15 Minuten gehen lassen.
- Das Mehl in eine große Schüssel geben. Aufgegangene Germ, zerlassene Butter, Eier, Zucker und lauwarme Milch dazugeben und gut vermischen. Mit dem Kochlöffel so lange schlagen, bis sich der Teig vom Kochlöffel löst, danach 2 Stunden rasten lassen.
- Die Zwetschken waschen, entstielen, mit einem Kochlöffel die Kerne herausdrücken und jede Zwetschke mit je einem Stück Würfelzucker füllen.
- Den Teig in 20 Stücke teilen und diese auseinanderziehen. In die Mitte jeweils 1 Zwetschke setzen, mit dem Teig umhüllen, die Teigränder gut zusammendrücken und die Buchteln in eine ausgebutterte, bemehlte Backform schlichten.
- Die Buchteln mit flüssiger Butter bestreichen und zugedeckt noch einmal ca. 15 Minuten gehen lassen, danach ein weiteres Mal mit flüssiger Butter bestreichen und im Backofen bei 180 °C ca. 40 Minuten backen.
- Die halb ausgekühlten Buchteln auf Tellern anrichten und mit Staubzucker bestreut servieren.

Zubereitungszeit ca. 1 Stunde, 10 Minuten
Wartezeit ca. 2 1/2 Stunden

Zutaten für etwa 20 Stück
40 g Germ
250 ml lauwarme Milch
600 g Mehl
100 g zerlassene Butter
2 Eier
100 g Zucker

20 Zwetschken
20 Stück Würfelzucker
Butter und Mehl für die Form
flüssige Butter zum Bestreichen
Staubzucker zum Bestreuen

Rhabarberschmarren

Zutaten für 2–3 Portionen
2 Eier
1 Prise Salz
250 ml Milch
200 g Mehl

250 g Rhabarber
50 g Zucker

50 g Butter zum Herausbacken
Staubzucker zum Bestreuen

- Eier mit Salz verquirlen, Milch und Mehl hinzufügen und gut verrühren. Teig 10 Minuten quellen lassen.
- Den Rhabarber schälen, in kleine Stücke schneiden und in wenig Wasser mit dem Zucker ganz kurz aufkochen lassen und abseihen.
- Die Butter in einer Pfanne heiß werden lassen, den Teig eingießen, Rhabarberstücke über die Schmarrenmasse geben und den Schmarren auf der einen Seite bei mittlerer Hitze anbacken lassen.
- Den Schmarren nach ca. 5 Minuten wenden und die andere Seite backen, danach den Schmarren mit zwei Gabeln zerreißen und gut umrühren.
- Auf Tellern oder in der Pfanne anrichten und mit Staubzucker bestreuen.

Zubereitungszeit ca. 15 Minuten
Wartezeit ca. 10 Minuten

Erdbeerknödel

Zutaten für 8–10 Knödel
250 g Topfen
250 g Mehl
1 Ei
Salz
200 g Erdbeeren

100 g Semmelbrösel
60 g Butter
Staubzucker

- Auf einer Arbeitsfläche aus Topfen, Mehl, Ei und Salz einen Teig kneten.
- Den Teig zu einer Rolle formen. Rolle 8–10 Stücke abschneiden, diese flach drücken, mit jeweils ein bis zwei gewaschenen und geputzten Erdbeeren belegen (je nach Größe der Erdbeeren) und zu Knödeln formen.
- Die Knödel etwa 20 Minuten in Salzwasser leicht wallen lassen, bis sie oben schwimmen. Fertig gegarte Knödel mit einem Siebschöpfer aus dem Wasser heben, in Butterbröseln wälzen und vor dem Servieren mit Staubzucker bestreuen.

Zubereitungszeit ca. 45 Minuten

Apfelstrudel mit Vanillesauce

Zutaten für 8 Personen
350 g griffiges Mehl
1 Ei
1 EL Öl
etwas Salz
250 ml lauwarmes Wasser

Mehl zum Ausarbeiten
Butter für das Backblech
1 Ei
Staubzucker zum Bestreuen

Fülle
1 kg Äpfel
50 g Butter
80 g Semmelbrösel
100 g Zucker
1 EL Zimt

Vanillesauce
1/2 P. Vanillepudding
600 ml Milch
150 g Zucker
1 EL Rum

- Aus Mehl, Ei, Öl, Salz und Wasser einen geschmeidigen Teig kneten. 1 Stunde rasten lassen.
- Den Teig auf einem bemehlten Küchentuch über dem Handrücken dünn ausziehen.
- Die Äpfel schälen, vierteln und vom Kerngehäuse befreien, danach klein schneiden und mit Zucker und Zimt vermischen.
- Die Butter in einer Pfanne heiß werden lassen, die Semmelbrösel darin hellbraun anrösten.
- Den Teig mit den gerösteten Semmelbröseln bestreuen und mit der Apfelmasse belegen.
- Danach den Teig mithilfe des Küchentuchs zu einem Strudel formen und auf ein bebuttertes Backblech legen.
- Den Strudel mit zerquirltem Ei bestreichen und im Backofen bei 200 °C 40-45 Minuten backen. Halb auskühlen lassen.
- Kurz vor Ende der Backzeit die Vanillesauce zubereiten: den Vanillepudding in 4 EL Milch glatt rühren.
- Die restliche Milch in einem Topf zum Kochen bringen, die Puddingmasse darin einrühren, 1 Minute aufkochen lassen.
- Den Zucker unterrühren und zuletzt mit Rum abschmecken.
- Die Vanillesauce öfter rühren, damit sich keine Haut bildet.
- Den Strudel in Stücke schneiden, mit der Vanillesauce auf Tellern anrichten und mit Staubzucker bestreut servieren.

Zubereitungszeit ca. 1 Stunde
Wartezeit ca. 1 Stunde

Kirschstrudel mit Amarettosauce

Zutaten für 1 Strudel
250 g Mehl
250 g Magertopfen
250 g Margarine
1 Eidotter
Salz

800 g Kirschen
100 g Zucker
50 g Rosinen
80 g Butter
100 g Semmelbrösel
1 Msp. Zimt

Mehl zum Ausarbeiten
3 EL ÖL
Butter für das Backblech
Butter zum Bestreichen

Amarettosauce
1 TL Erdäpfelmehl
250 ml Milch
1 Eidotter

1 EL Zucker
1 P. Vanillezucker
3 EL Amarettolikör

- Mehl, Topfen, Margarine, Eidotter und Salz zu einem Teig verarbeiten. 1 Stunde kühl rasten lassen.
- Die Kirschen waschen, entsteinen und klein schneiden. Mit Zucker und Rosinen mischen.
- Die Butter in der Pfanne heiß werden lassen, die Semmelbrösel darin braun anrösten, danach den Zimt unterrühren.
- Den Teig auf einer bemehlten Arbeitsfläche ausrollen. Eine Hälfte des Teiges mit den gerösteten Semmelbröseln bestreuen, die andere Hälfte mit Öl bestreichen.
- Die Kirschen auf die Semmelbröselhälfte verteilen.
- Den Strudel einrollen und auf ein bebuttertes Backblech legen. Mit flüssiger Butter bestreichen.
- Den Strudel in den Backofen geben und bei 180 °C 35 bis 40 Minuten backen.
- Für die Amarettosauce das Erdäpfelmehl in 4 EL Milch anrühren.
- Eidotter in die restliche Milch einrühren. Restliche Milch zum Kochen bringen und das angerührte Erdäpfelmehl unterrühren. Einmal kurz aufkochen lassen.
- Zucker, Vanillezucker und Amarettolikör unterrühren.
- Den Strudel in Stücke schneiden, auf Tellern anrichten und mit Amarettosauce servieren.

Zubereitungszeit ca. 60 Minuten
Wartezeit ca. 1 Stunde

Marillenreisauflauf

Zutaten für 4 Personen
750 ml Milch
Salz
250 g Rundkornreis
6 Eidotter
100 g Butter
120 g Zucker
6 Eiklar
300 g Marillen
Butter für die Form

- Die Milch salzen und aufkochen.
- Den gewaschenen Reis einrühren und kurz aufkochen lassen. Hitze herunterdrehen und den Reis 20 Minuten quellen lassen, danach auskühlen lassen.
- Eidotter mit Butter und Zucker schaumig rühren, den Reis unterrühren.
- Das Eiklar zu Schnee schlagen, die Hälfte davon unter die Reismasse heben.
- Die Marillen waschen, entsteinen und in kleine Stücke schneiden.
- Die Hälfte der Reismasse in eine ausgebutterte Auflaufform geben. Die Marillen darauf verteilen. Die zweite Hälfte der Reismasse darübergeben.
- Im vorgeheizten Backofen bei 180 °C ca. 30 Minuten backen. Aus dem Backofen nehmen und die zweite Hälfte des Eischnees auf dem Auflauf verteilen. Abschließend nochmals 10 Minuten backen.

Zubereitungszeit ca. 1 Stunde

Marillen-Polsterzipf

- Die Erdäpfel in Salzwasser weichkochen und auskühlen lassen. Schälen und durch die Erdäpfelpresse drücken.
- Auf einer Arbeitsfläche aus den passierten Erdäpfeln, Mehl, Ei und Salz einen Teig kneten, diesen dann ausrollen.
- Rechtecke aus dem Teig schneiden, diese mit den klein geschnittenen Früchten füllen und zu Dreiecken zusammenklappen.
- Die Teigtascherln in Salzwasser 7 Minuten kochen lassen, abseihen und kalt abschrecken. Zum Schluss noch in Butterbröseln schwenken und mit Staubzucker bestreuen.

Zubereitungszeit 50 Minuten
Wartezeit ca. 30 Minuten

Zutaten für 2 Portionen
250 g Erdäpfel
120 g Mehl
1 Ei
Salz
frische Marillen (oder andere Früchte nach Wahl)

6 EL Semmelbrösel
50 g Butter
Staubzucker

Schokoladenknödel auf Himbeermark

Zutaten für 4 Personen
400 g Erdäpfel
Mehl zum Ausarbeiten
2 EL Öl
1 Ei
2 EL Staubzucker
50 g Grieß
120 g Mehl
Salz

Mehl zum Ausarbeiten

200 g Schokoladencreme
100 g Butter
200 g Semmelbrösel
Staubzucker zum Bestreuen

Himbeermark
200 g Himbeeren (tiefgekühlt oder frisch)
60 g Staubzucker

- Die Erdäpfel in Salzwasser weich kochen, auskühlen lassen.
- Die Erdäpfel schälen und durch die Erdäpfelpresse drücken. Auf eine bemehlte Arbeitsfläche geben und mit Öl, Ei, Staubzucker, Grieß, Mehl und Salz zu einem Teig verarbeiten.
- Den Teig auf einer bemehlten Arbeitsfläche 2 cm dick ausrollen und in 6 x 6 cm große Rechtecke schneiden.
- In die Mitte jeweils 1 EL Schokoladencreme setzen und Knödel formen. In siedendem Salzwasser ca. 10 Minuten leicht köcheln lassen.
- Die Knödel mit einem Schaumlöffel herausheben und abtropfen lassen.
- Butter in einer Pfanne heiß werden lassen, die Semmelbrösel darin hellbraun anrösten, anschließend die Knödel darin wälzen.
- Die Himbeeren in eine Schüssel geben, den Staubzucker dazugeben und mit dem Stabmixer pürieren.
- Das Himbeermark portionsweise auf Teller verteilen, die Knödel darauf anrichten und mit Staubzucker bestreut servieren.

Zubereitungszeit ca. 50 Minuten
Wartezeit ca. 30 Minuten

Zwetschkenroulade mit Eischneecreme

Zutaten für 4 Personen
300 g Zwetschken
3 Eidotter
80 g Zucker
100 g Mehl
1 Prise Salz
250 ml Milch
Butter für das Backblech
3 Eiklar
80 g Staubzucker zum Bestreuen
1 EL Zimt

Eischneecreme
3 Eier
120 ml Obers
80 g Staubzucker
Saft von 1 Zitrone
1 P. Vanillezucker

Zimt zum Bestreuen

- Die Zwetschken waschen, entsteinen und in kleine Stück schneiden.
- Eidotter mit Zucker schaumig rühren. Das Mehl, Salz und die Milch unterrühren.
- Das Backblech mit Butter bestreichen.
- Den Teig darauf verteilen und mit den Zwetschken belegen.
- Das Eiklar zu Schnee schlagen und über die Zwetschken verteilen. Mit 60 g Staubzucker und Zimt bestreuen.
- Im vorgeheizten Backofen auf der zweiten Einschubleiste von unten bei 220 °C ca. 15 Minuten backen.
- Anschließend aus dem Backofen nehmen, auf ein Küchentuch legen und noch heiß (mit dem Küchentuch) zu einer Rolle formen.
- Für die Eischneecreme die Eier trennen, das Eiklar zu steifem Schnee schlagen.
- Das Obers steif schlagen, Eidotter, Staubzucker, Zitronensaft und Vanillezucker schaumig rühren, den Eischnee unterheben; Obers vorsichtig unterrühren.
- Von der Zwetschkenrolle jeweils ein Stück abschneiden, auf Teller geben und mit dem restlichen Staubzucker bestreuen. Mit der Eischneecreme anrichten, mit Zimt bestreuen und servieren.

Zubereitungszeit ca. 40 Minuten

Grießauflauf mit Zwetschkenröster

Zutaten für 4 Personen
100 g Grieß
etwas Salz
250 ml Milch
2 Eier
50 g Butter
50 g Zucker
abgeriebene Schale von 1 Bio-Zitrone
50 g Rosinen

Butter für die Form
30 g Staubzucker

Für den Zwetschkenröster
250 g Zwetschken
30 ml Wasser
50 g Gelierzucker
1 Zimtstange

- Den Grieß in die leicht gesalzene und kochende Milch einrühren. 3 Minuten leicht köcheln lassen. Die Grießmasse auskühlen lassen.
- Die Eier trennen und die Butter mit den Eidottern, dem Zucker und der abgeriebenen Zitronenschale schaumig rühren.
- Die Rosinen waschen, trocken tupfen und zusammen mit der ausgekühlte Grießmasse unterrühren.
- Eine Auflaufform ausbuttern, die Grießmasse hineingeben und bei 180 °C 30 Minuten backen.
- Das Eiklar zu Schnee schlagen und den Staubzucker unterrühren.
- Den Auflauf aus dem Backofen nehmen und die Eischneemasse darauf verteilen. Weitere 15 Minuten backen.
- Die Zwetschken waschen, entsteinen und halbieren, danach in einen Topf geben. Wasser, Gelierzucker und die Zimtstange dazugeben und 10 Minuten kochen lassen.
- Den Grießauflauf in Stücke schneiden, auf Teller geben und mit dem Zwetschkenröster anrichten.

Zubereitungszeit ca. 1 Stunde, Wartezeit ca. 30 Minuten

Ananasauflauf

Zutaten für 4 Personen
120 g Zucker
4 Eier
3 EL Öl
3 EL Wasser
150 g Mehl
1/2 P. Backpulver
Butter für die Form

Fülle
6 Eiklar
100 g Staubzucker
1 Ananas
50 g Butter

- Zucker mit Eiern schaumig rühren; Öl und Wasser unterrühren.
- Das Mehl mit Backpulver vermischen und vorsichtig unterheben.
- Den Teig in eine ausgebutterte Springform geben und im Backofen bei 200 °C 15–20 Minuten backen, anschließend auskühlen lassen.
- Den gebackenen Teig bis auf 3 cm am Rand und am Boden aushöhlen.
- Für die Fülle das Eiklar steif schlagen, den Staubzucker vorsichtig unterheben.
- Die Ananas erst in Scheiben schneiden, dann schälen und den inneren Strunk herausschneiden, die Ananas anschließend in kleine Stücke schneiden und ebenso vorsichtig unter den Schnee geben.
- Den ausgehöhlten gebackenen Teig damit füllen und im Backofen bei 180 °C 20 Minuten backen.
- Den Ananasauflauf auf Tellern anrichten und sofort servieren.

Zubereitungszeit ca. 1 Stunde, Wartezeit ca. 30 Minuten

Grießauflauf

Rahmstrudel auf Erdbeersauce

Zutaten für 6–8 Personen
350 g Mehl
1 Ei
3 EL Öl
Salz
250 ml Wasser
Mehl zum Ausarbeiten

Fülle
4 Eidotter
120 g Butter
120 g Zucker
120 g Semmelbrösel
250 ml Obers
etwas geiebene Zitronenschale
Butter für die Form
1 Ei zum Bestreichen
Staubzucker zum Bestreuen

Erdbeersauce
500 g Erdbeeren
100 g Staubzucker
1 EL Rum
Saft von 1 Zitrone

- Aus Mehl, Ei, Öl, Salz und lauwarmem Wasser einen Teig kneten. 1 Stunde rasten lassen.
- Für die Fülle Eidotter mit Butter und Zucker schaumig rühren. Semmelbrösel und Obers unterrühren und mit geriebener Zitronenschale verfeinern.
- Den Teig auf einem bemehlten Küchentuch auswalken. Mit der Fülle bestreichen und mit Hilfe des Küchentuchs zusammenrollen.
- Den Strudel auf ein bebuttertes Backblech legen und mit zerquirltem Ei bestreichen.
- Im Backofen bei 200 °C ca. 40 Minuten backen, auskühlen lassen.
- In der Zwischenzeit die Erdbeeren putzen und waschen, die Hälfte mit dem Stabmixer pürieren. Staubzucker, Rum und Zitronensaft unterrühren. Die zweite Hälfte der Erdbeeren vierteln und unter die Sauce mischen.
- Den Rahmstrudel in Stücke schneiden, auf Tellern anrichten und mit der Erdbeersauce servieren.

Zubereitungszeit ca. 1 Stunde
Wartezeit ca. 1 Stunde

Schlosserbuben

- Aus Mehl, Zucker, Eiern, Weißwein und Salz einen Teig rühren.
- Zwetschken waschen, entkernen und mit je einem Stück Würfelzucker füllen.
- Die Zwetschken in den Teig tunken und in einer Pfanne in heißem Öl ausbacken, anschließend halb auskühlen lassen und in geriebener Schokolade wälzen.
- Schlosserbuben auf Tellern anrichten und servieren.

Zubereitungszeit ca. 20 Minuten

Zutaten für 20 Stück
250 g Mehl
2 EL Zucker
2 Eier
160 ml Weißwein
Salz
20 große Zwetschken
20 Stk. Würfelzucker
500 ml Öl zum Backen
300 g geriebene Schokolade

Wutzelnudeln auf Apfelreiber

Zutaten für 6–8 Personen
1 kg Erdäpfel
1 Ei
Salz
300 g Mehl
Mehl für die Arbeitsfläche
Butter zum Anrösten

6 Äpfel
100 g Butter
300 ml Wasser
140 g Zucker
1 TL Zimt
2 EL Rum

- Die Erdäpfel in Salzwasser weich kochen, auskühlen lassen.
- Die Erdäpfel schälen und durch die Erdäpfelpresse drücken. Auf eine bemehlte Arbeitsfläche geben und mit Ei, Salz und Mehl zu einem Teig verarbeiten.
- Aus dem Teig eine Rolle formen. Kleine Stücke abschneiden und daraus Nudeln „wutzeln" (formen).
- Die Nudeln in siedendes Salzwasser geben und 5 Minuten ziehen lassen, danach mit einem Siebschöpfer herausheben.
- Für den Apfelreiber die Äpfel schälen und grob raspeln.
- Ein Drittel der Butter in einer Pfanne erhitzen, die Äpfel dazugeben und mit Wasser aufgießen, danach Zucker, Zimt und Rum unterrühren.
- Zugedeckt 10 bis 15 Minuten dünsten lassen, bis die Äpfel weich sind.
- In einer extra Pfanne restliche Butter erhitzen und die gut abgetropften Wutzelnudeln darin goldgelb rösten.
- Apfelreiber auf vorgewärmten Tellern anrichten, Wutzelnudeln daraufsetzen und sofort servieren.

Zubereitungszeit ca. 1 Stunde, 10 Minuten
Wartezeit ca. 30 Minuten

Tiroler Küchlein

Zutaten für 6 Personen
40 g Germ
250 ml lauwarme Milch
600 g Mehl
100 g zerlassene Butter
100 g Zucker
4 Eidotter
1 P. Vanillezucker
abgeriebene Schale von
1 Bio-Zitrone
Salz

Mehl zum Ausarbeiten
250 ml Öl zum Ausbacken
100 g Marmelade nach Wahl
Staubzucker zum Bestreuen

- Die Germ in 2 EL lauwarmer Milch auflösen und in 3 EL Mehl anrühren. 15 Minuten gehen lassen.
- Das Mehl in eine große Schüssel geben, mit Butter, Zucker den Eidottern, Vanillezucker, geriebener Zitronenschale und der lauwarmen Milch vermischen, salzen und die aufgegangene Germ dazugeben. Mit dem Kochlöffel so lange schlagen, bis sich der Teig vom Kochlöffel löst. Teig 2 Stunden gehen lassen.
- Eine Arbeitsfläche bemehlen, den Teig darauf fingerdick ausrollen, anschließend mit einem runden Ausstecher Scheiben ausstechen und mit einem Kochlöffelstiel jeweils eine Vertiefung hineindrücken.
- Das Öl in einer Pfanne erhitzen und die Küchlein darin beidseitig ausbacken.
- Das Gebäck auskühlen lassen, mit Marmelade bestreichen und mit Staubzucker bestreut servieren.

Zubereitungszeit ca. 30 Minuten
Wartezeit ca. 2 Stunden, 15 Minuten

Wutzelnudeln

Nudelauflauf mit Mohn

Zutaten für 4 Personen
250 g Spiralnudeln
Salz
1 l Milch
100 g Butter
140 g Zucker
6 Eidotter
abgeriebene Schale von
1 Bio-Zitrone
6 Eiklar

250 g Mohn
200 ml Milch
100 g Zucker
1 P. Vanillezucker
Butter für die Form

- Die Spiralnudeln in die gesalzene und kochende Milch geben. Dick einkochen und ausdünsten lassen.
- Butter mit Zucker, Eidottern und abgeriebener Zitronenschale schaumig rühren und unter die Nudeln mengen. Das Eiklar steif schlagen und vorsichtig unterheben.
- Den Mohn mit Milch, Zucker und Vanillezucker aufkochen lassen.
- Eine Auflaufform ausbuttern, die Hälfte der Nudelmasse einfüllen.
- Die Mohnmasse darüber verteilen, restliche Nudeln darübergeben.
- Im Backofen bei 180 °C 30–40 Minuten backen.

Zubereitungszeit ca. 1 Stunde

Mohnschnecken

Zutaten für 6–8 Personen
40 g Germ
250 ml lauwarme Milch
600 g Mehl
100 g zerlassene Butter
2 Eier
100 g Zucker

Mehl zum Ausarbeiten
Öl für das Backblech

Fülle
50 g Butter
120 ml Milch
200 g geriebener Mohn
150 g Staubzucker

Zuckerglasur
Saft von 1 Zitrone
80 g Staubzucker

- Die Germ in 2 EL lauwarmer Milch auflösen und in 3 EL Mehl anrühren. 15 Minuten gehen lassen.
- Das Mehl in eine große Schüssel geben. Aufgegangene Germ, zerlassene Butter, Eier, Zucker und lauwarme Milch dazugeben und gut vermischen. Mit dem Kochlöffel so lange schlagen, bis sich der Teig vom Kochlöffel löst. Den Teig 2 Stunden gehen lassen.
- Für die Fülle die Butter schmelzen lassen, die Milch in einem Topf erhitzen, anschließend den Mohn mit Butter, Staubzucker und Milch zu einem Brei rühren.
- Den Teig auf einer bemehlten Arbeitsfläche ca. 1 1/2 cm dick zu einem Rechteck auswalken. Die Mohnfülle darauf verteilen, den Teig zu einer Rolle formen.
- Von der Teigrolle ca. 3 cm dicke Scheiben abschneiden und auf ein befettetes Backblech legen.
- Im Backofen bei 180 °C ca. 40 Minuten backen.
- Für die Zuckerglasur den Zitronensaft mit Staubzucker verrühren, die Mohnschnecken damit bestreichen.

Zubereitungszeit ca. 1 Stunde
Wartezeit ca. 2 Stunden, 15 Minuten

Nudelauflauf

Honigbananen

Honigbananen

- Die Bananen schälen und der Länge nach halbieren.
- Die Bananenhälften mit Orangensaft beträufeln.
- Butter in einer Pfanne schmelzen lassen, die Bananenhälften darin beidseitig goldgelb braten.
- Bananen auf Desserttellern anrichten, mit Honig beträufeln und mit Schokoraspeln bestreut servieren.

Zubereitungszeit ca. 15 Minuten

Zutaten für 4 Personen
4 Bananen
Saft von 1 Orange
2 EL Butter
4 EL Honig
Schokoraspel zum Bestreuen

Engelscreme

- Eidotter, Eierlikör, Staubzucker und Vanillezucker schaumig rühren.
- Das Eiklar zu Schnee schlagen und unter die Eimasse heben.
- Das Obers steif schlagen und ebenso unter die Eimasse rühren. 4 EL Obers zum Garnieren zurückbehalten.
- Die Marillen waschen, entsteinen und in kleine Stücke schneiden.
- Drei Viertel der Marillenstücke unter die Creme mischen. Den Rest zum Garnieren zurückbehalten.
- Die Engelscreme in Glasschälchen füllen und vor dem Servieren mit geschlagenem Obers und Marillenstücken garnieren.

Zubereitungszeit ca. 15 Minuten

Zutaten für 4 Personen
3 Eidotter
4 EL Eierlikör
80 g Staubzucker
1 P. Vanillezucker
3 Eiklar
150 ml Obers
4 Marillen

Crème double mit Limetten

Zutaten für 4 Personen
3 Limetten
3 Eidotter
100 g Staubzucker
400 g Mascarpone
100 ml Obers

- Die Limetten heiß waschen und bürsten.
- Eine Limette in dünne Scheiben schneiden, Scheiben halbieren und zum Garnieren beiseite legen.
- Die Schale von 2 Limetten abreiben und mit den Eidottern verrühren.
- Staubzucker, Mascarpone und Saft von 2 Limetten unterrühren.
- Obers steif schlagen und unter die Creme heben.
- Creme in Glasschüsselchen füllen und mit den halbierten Limettenscheiben garnieren.

Zubereitungszeit ca. 15 Minuten

Zitronenschaumcreme

Zutaten für 4 Personen
4 Eidotter
120 g Staubzucker
abgeriebene Schale von
1 Bio-Zitrone
Saft von 2 Zitronen
4 Eiklar
120 ml Obers
1 Zitrone und 1 Zweig frische
Minze zum Garnieren

- Die Eidotter mit dem Staubzucker schaumig rühren.
- Abgeriebene Zitronenschale und Zitronensaft unterrühren.
- Das Eiklar zu Schnee schlagen; das Obers steif schlagen.
- Den Eischnee unter die Creme rühren; das geschlagene Obers vorsichtig unterheben.
- 1 Stunde in den Kühlschrank stellen.
- Die Zitronenschaumcreme in Glasschälchen füllen und mit je einer Zitronenscheibe und Minzeblättern garnieren.

Zubereitungszeit ca. 15 Minuten
Wartezeit ca. 1 Stunde

Crème double

Biskottentraum

Zutaten für 4 Personen
1 Pkg. Biskotten (300 g)
300 g Mascarpone
200 g Topfen
3 Eidotter
150 g Zucker
1 EL Rum
3 Eiklar
500 ml starker Bohnenkaffee

Schokoraspeln zum Bestreuen

- Den Mascarpone mit Topfen, Eidottern, Zucker und Rum verrühren.
- Das Eiklar steif schlagen und unter die Crememasse rühren.
- Die Hälfte der Biskotten in Kaffee tunken und nebeneinander in eine Auflaufform legen.
- Die Hälfte der Mascarponecreme darüber verteilen.
- Die zweite Hälfte der Biskotten wieder in Kaffee tunken und über die Creme legen.
- Die zweite Hälfte der Mascarponecreme darübergeben und mit Schokoraspeln bestreuen.
- Mindestens 12 Stunden in den Kühlschrank stellen.

Zubereitungszeit ca. 30 Minuten
Wartezeit ca. 12 Stunden

Reispudding

Zutaten für 4 Personen
250 ml Obers
250 ml Milch
Salz
100 g Rundkornreis
100 g Staubzucker
50 g Butter
2 Eidotter
4 Pfirsichhälften aus der Dose
1 Zweig frische Minze zum Garnieren

- Obers mit Milch und Salz aufkochen, den gewaschenen Reis dazugeben. Hitze reduzieren und den Reis zugedeckt 20 Minuten garen lassen, anschließend den Reis auskühlen.
- Staubzucker, Butter und Dotter schaumig rühren und unter den Reis geben.
- Kleine Schüsselchen mit Wasser ausspülen, den Reis einfüllen und 2 Stunden in den Kühlschrank stellen.
- Den Reispudding auf Dessertteller stürzen und mit je einer Pfirsichhälfte und Minzeblättern garnieren.

Zubereitungszeit ca. 30 Minuten
Wartezeit ca. 2 Stunden, 30 Minuten

Biskottentraum

Buttermilchsülzchen auf Ananassauce

Zutaten für 4 Personen
8 Blatt Gelatine
500 ml Buttermilch
1 P. Vanillezucker
100 g Zucker
120 ml Obers

Sauce
1 Ananas
250 ml Wasser
3 EL Gelierzucker
1 Zimtstange

Minzeblätter zum Garnieren

- Gelatine in kaltem Wasser einweichen, ausdrücken und in einem Topf bei kleiner Hitze auflösen.
- Buttermilch in die Gelatine einrühren. Vanillezucker und Zucker unterrühren.
- Obers steif schlagen und unter die leicht gelierte Buttermilchmasse rühren.
- Die Buttermilchmasse ca. 2 cm dick in eine Auflaufform füllen. 4 Stunden in den Kühlschrank stellen. Anschließend auf eine Platte stürzen und Scheiben ausstechen.
- Die Ananas erst in Scheiben schneiden, dann schälen und den inneren Strunk herausschneiden, danach die Ananas in kleine Stücke schneiden und in einen Topf mit Wasser geben.
- Den Gelierzucker und die Zimtstange hinzufügen und 10 Minuten kochen lassen.
- Die Ananassauce auf Dessertellern anrichten und die Buttermichsülzchen dekorativ in die Mitte setzen. Mit Minzeblättern garnieren.

Zubereitungszeit ca. 20 Minuten
Wartezeit ca. 4 Stunden

Erdbeerterrine auf Spaghetti

Zutaten für 4 Personen
200 g dünne Spaghetti
Salz
500 g Erdbeeren
Saft von 1 Zitrone
60 g Staubzucker
1 EL Rum

Joghurtsauce
250 g Joghurt
50 g Staubzucker
1 P. Vanillezucker
120 ml Obers

- Spaghetti in ca. 4 bis 5 cm lange Stücke brechen, in siedendes Salzwasser geben und „al dente" kochen, abseihen, mit kaltem Wasser abschrecken und abkühlen lassen, danach 3 Stunden in den Kühlschrank stellen.
- Erdbeeren putzen, waschen und vierteln, mit Zitronensaft, Staubzucker und Rum vermischen. 60 Minuten ziehen lassen.
- Für die Joghurtsauce das Joghurt mit dem Staubzucker und Vanillezucker verrühren. Das Obers steif schlagen und unter das Joghurt heben.
- Die Spaghetti auf Tellern anrichten, die Erdbeeren darüber verteilen und mit Joghurtsauce gefällig dekorieren.

Zubereitungszeit ca. 20 Minuten
Wartezeit ca. 3 Stunden

Buttermilchsülzchen

Kokoscreme mit Weintrauben

Zutaten für 4 Personen
300 g Weintrauben
500 g Topfen
80 g Kokosflocken
2 EL Eierlikör
Saft von 1 Zitrone
2 Eiklar
120 g Zucker
100 ml Obers
1 Zweig frische Minze zum Garnieren

- Die Weintrauben waschen und, wenn gewünscht, halbieren.
- Den Topfen in eine Schüssel geben und mit den Kokosflocken verrühren.
- Eierlikör und Zitronensaft unterrühren.
- Das Eiklar zu Schnee schlagen, den Zucker unter den Eischnee schlagen und mit der Topfenmasse vermischen.
- Obers steif schlagen und unter die Creme rühren, drei Viertel der Weintraubenstücke untermengen.
- Die Kokoscreme in Glasschälchen füllen und mit den restlichen Weintrauben und Minzeblättern garnieren.

Zubereitungszeit ca. 15 Minuten

Mohndessert

Zutaten für 4 Personen
4 Semmeln
150 g geriebener Mohn
150 g Staubzucker
400 ml Milch
100 g Butter

- Die Semmeln in Scheiben schneiden, Mohn mit Staubzucker vermischen.
- Die Milch erwärmen, die Semmelscheiben erst in die warme Mich tunken, dann in der Mohn-Zucker-Mischung wenden.
- Schichtweise in eine Schüssel geben und zuletzt mit zerlassener Butter übergießen.
- Auf Tellern anrichten und servieren.

Zubereitungszeit ca. 15 Minuten

Kokoscreme